終の棲 III

―社会性をもった大きな家族―

北沢美代
KITAZAWA Miyo

文芸社

※プライバシーを考慮し、すべて仮名にしてあります。

まえがき

　高齢・少子化社会が急速に進み、様々な状況が変化してきた中で、家族が老親を介護することが難しくなっている現在、老人ホームは大きな選択肢の一つと考える人は多い。その「老人ホーム」は人生最後のしかも大きな買物である。それなのに「老人ホーム」の情報が少な過ぎるのは不可解である。

　施設の立地、外郭、介護の理念、ポリシー、提供される諸々のサービス、これらはカタログ、ホーム見学で知ることはできる。現代ではむしろこれ等の情報は氾濫しているといってよい。

　しかし、老人ホームの中で日々どんな介助介護がされているのか、入居者たちはどんな思いで生活をしているのか、その井戸端会議で交わされる生の声は聞こえてこない。

　かくいう私自身はどうだったろう。三年半前、私は介護付有料老人ホームに入居。その時満七十八歳。

　私の入居の目的は一つ、「家族に介護をさせない」ことだった。だから入居を決めた時にすでにその目的は達成していた。

後の老人ホームでの生活など、漠とした不安はあったが考えもしなかったのは当然といえば当然だった。

現在でも自立組で、薬の服用も自分で管理している。しかし私は、この若過ぎたと思われるかもしれない入居はラッキーだったと思っている。

ホーム内の介護の環境を見渡し、そしてなにより入居者から様々な情報を聞きとるだけの力、そしてそれに後押しされる気力があったことだ。さらにそれは「介護」「老人ホーム」をとりまく社会環境にまで関心が広がっていったことである。

この人生最後の大きな買物を前にしている人々に、せめて「介護」「老人ホーム」に少しでもイメージができて、その心の準備をもって入ってほしいと思った。


人はそれぞれ、様々な事情をかかえ、その中には自分の意思ではどうすることもできないことも多い。しかし、もしそれらの事情に恵まれていたら、私は元気でいる内に老人ホームに入居したらよいと思っている。それは最後のこの時期を自分自身がかかわって過ごせる時間を持てるからである。

自分が参画した生活は与えられたものではなく、自分が考え、行動しなければならない。人は一歩踏み出すと、思ってもみなかった展開がひらけ、さらにもう一歩進むことになるからだ。それは老いに閉ざされた終の棲ではあるけれど、まちがいなく自分自身の生活である。

目次「終の棲Ⅲ」

お別れのかたち

一つの空間、ホームで毎日顔を合わせる人たちの中でも「友達」と「知り合い」、そしてその中間の関係がある。

幸いこの二年余りの間に「友達」とお別れしたことはない。しかし、「知り合い」というには親し過ぎる繋がりの何人かは亡くなっている。ただその人たちも、はっきり「亡くなりましたよ」と聞いたことはただの一度もない。「個人情報」を守ることが鉄則のホーム内では、私はこれまでにこのことをイヤという程思い知らされてきた。

姿を見なくなった人は例外なく食べない。それは、食べ*ら*れ*な*い*ない*という状態が続いた後のことなので、私は入居者の「食べた量」がとても気になる。ダイニングを出る時、見える範囲内では器の中に残された分量を見るのが癖になっていた。直接見ることができなくても、食事を介助しているスタッフの言動から知ることもできる。食事の介助を必要とする入居者は私の位置からは右側にいたので、私はいつからか椅子を多少そちらに向けていた。

長く姿を見ない、どうしたのかな？　という疑問が湧く。この時はまだ「亡くなった」とは考えない。「入院したのだな」と思う。それが長く続く。すると「このまま帰ってこないのでは？　亡くなったのかもしれない」という疑念に変わる。しかし尋ねることはしないままの期間が過ぎていく。そしてある時、部屋がリフォームされ、名札が外されているのに気付く。それによって、私はその人が「亡くなった」ことを知る。

入居以来、かなりの期間、私はこうした「個人情報」の壁を受け入れられなかった。自分の気持ちが疎外されたと感じるからだ。しかしその気持ちが次第に変わってきた。

こうした「お別れ」を段階的に受け入れていく期間があることによって、しかも決定的な「名札が外されること」も、生々しいものとは違い、どこか無機的な作業のように思われたからである。

確かに、その人と交わした折々の会話、その人の力の弱い笑みを思い出すのは辛い。しかし名札を外されることで、知るまでの間に私の心の中にはその辛さを受け入れる態勢、準備が段階を踏んで取られていた。

これはホームに於ける「お別れのかたち」だと思った。

それでも、「友達」とのお別れは考えたくない。できることなら、私の方が先に逝きたいと思う。そうすればお別れの辛さに向き合うことはないのだから。

贅沢な姥捨山

内藤さんはリクライニングの椅子の中でいつも眠っている。食事を運んできたスタッフは声かけをし、両手を高く上げたり、タッチングで目覚めさせようとしている。

この日はホーム長がダイニングに入っていた。ホーム長は内藤さんの肩をさすり、腕を交互に持ち上げながら声かけをしている。しかし内藤さんは目を開けた様子は見られなかった。「おーい、内藤さーん、起きてごはんを食べようね。朝ごはんだよ」と耳元で呼んでいた。

私の向かいに座っている綾野さんが言った。

「おーいですって、まるで山の中にいるみたいじゃないの」

これを聞いた時、私はすかさず言った。

「あら、綾野さん、ここは立派な山よ、姥捨山という山よ」

しかし綾野さんの表情から、この話題はあまり好まれそうにないとわかって、私は話をこれ以上進めなかった。

綾野さんが「まるで山の中にいるみたい」と言った時、私は瞬間、「楢山節考《ならやまぶしこう》」「姥捨山」を思っていた。それで無意識の内に「姥捨山」と口にしたのだ。

しかし妙なことが私の内に起こっていた。ひとたび「姥捨山」を口に出してから、自分はずっと老人ホームを姥捨山と思っていたのではないかという、確信にも似た疑念である。

『楢山節考』は、私が若かった頃に読んだ覚えがあった。映画化されたという記憶もある。というのは、息子が一目散に山を駆け下りていく後ろ姿、その背に空の背板をしょった後ろ姿が、映像として鮮明に残っていたからだ。

「映像」と書いたが、もしかしたら私の心の内に描いた像であったような気もする。

私の心にひっかかっていた、というか淀んでいたのは、現代ではどうなんだろうという思いであった。この思いは浮かんでは消え、消えては浮かび、私にまとわりついていた。この私が、老人ホームを「立派な山よ、姥捨山という山」と口に出してしまった責任である。

私が入居したのは有料老人ホームで、それなりの入居金と毎月の生活費を支払っているのだから、棄老伝説の時代の姥捨山とは「天国と地獄」の差があるのは私に限らずすべての入居者が言下に言うだろうこともわかっている。それに私たちは捨てられたわけではないと反発し、私が集中攻撃にあうかもしれない。しかし、それでも「姥捨山」は私の内に深く巣くって消えてはいない。どこか共通しているものがあるというのが、私の本音である。

それは私にとっても決して快いものではない。快いものではないからこそ、なおも私を捉えて離さないのも事実だった。

『楢山節考』は、深沢七郎作で昭和三十二年、中央公論社から刊行されていたのだから、私の高校時代、なんと六十年余り前になる。それでも私の脳裏に残っていたのはなぜか、これも私が関心を持った理由の一つだった。

舞台は信州、因習に閉ざされた部落。二十二軒の家があったというのだから、総勢二百人余りの部落だろう。残酷ではあっても貧しい部落の掟。口減らしをしていかなければ家族の中の弱い者が飢死するような村で生まれた、棄老伝説なのだろう。

ごく一部の人を除いたら、圧倒的に多くの人々が貧しい一生を送った時代は長く続いたと思われる。飢饉で飢え死にした人々の死骸の山が、洛中にうち捨てられている様《さま》を描いた絵図もあった。

生活保護もなく、遠方からの物資援助もなかった時代に、「口減らし」が秘かに行われていたとしても決して不思議ではない。

そんなことを考えていた時、NHKのニュースで、アフガニスタンで援助物資も不足し、家族が飢えにさらされている父親（働いて得る収入だけでは家族七人が一日一食食べるのがやっとだという）が、三歳の娘を売りに出すことにしたと告白していた。豊かな国では子どものない夫婦、あるいは養子を希望している人たちも少なくないと聞く。

これ以上飢えの状態が続けば、その上の娘も売りに出さざるを得ないと、その父親は語っていた。

今の時代でも、生きていく、食うためには、裏ではこうした「口減らし」もあるのだ。

ばあさんが主役

「姥《うば》」――つまりばあさんが主人公である。主人公がじいさんでないのには、それなりの理由があったと思われる。ばあさんの方が長寿だったことも考えられるが、極貧の家にあってもばあさんには、じいさんを看取るという役割があったろう。じいさんが逝くと次の口減らしは自分だと、おりんばあさんは早くから覚悟していたにちがいない。というより「その時を待っていた」とさえいえる。

これと対照的に描かれているのが、又やんという隣家のじいさんである。又やんはかつて、荒縄を食いちぎって逃げてきたこともある前科者だ。そしてついには再び荒縄で背板にしばられ、山に背負われていった。

ここでおりんばあさんの毅然さが対照的に際立ってみえるのだ。私は女の方が男よりも腹の据わったところがあるように思えてならない。

当然男たちは、田畑の力仕事を担い一家を養い、女たちもそれを補いもし、家の中に入ると何人もの子どもたちを育て、賄《まかな》いをこなしながら家全体を見て取り仕切っており、そのしたたかさは女の方が勝っている。

私がこのことを同じく入居者の保利さんに話した時、「女の方が強いわよ。女を甘くみたらとんでもないわ」と間髪を入れずに言い切った。保利さんのこの一言で私は確信を一層強めた。

気丈なばあさんというと、祖母が思い出される。晩年には老人性結核を患って、一番奥の部屋で寝起きしていた。祖母を見舞うとものの十分もしないのに、「若いもんが長居する所じゃない」と追い返された。

定期的に往診してくれていた医者に、「治るものならお願いもしましょうが、今度ばかりは助かるとは思えませんので、どうぞお引き取りください」と追い返したという。

母からはこんなことも聞いた。母をはじめとする三人の子どもを前にして、「私は今迄あなたたちのためには尽くしてきたけれど、社会のためには何もしてこなかったので、この体は医学のために献体します」と言って、有無を言わせず同意書を書かせたと。

現代と違い情報を得るのもままならぬ時代に、祖母はどうやって「献体」を知ったのだろう。私はそこに、祖母の強い意志を感じる。

女の方が、腹が据わって気丈だと思うのには、祖母に対比される祖父の存在がある。

私の家族は疎開先から東京に引き揚げてきた時、母の実家に身を寄せた。結核を患って入退院をくり返していた父を含め、五人の生活を支えるために東京では稀《まれ》なくらい部屋数のあるその実家を使用し、母は賄い付きの下宿屋を始めた。

　祖父はひとり茶の間でも上座、しかも茶ぶ台も専用のもの、その上にのる料理も特別のものが添えられていた。祖父は士族出身、弁護士ということにプライドを持っていた。しかし晩年はアルコール依存症に近い状態で、完全に祖母の管理下にあった。私はおりんばあさんを祖母に、それと対照的な存在として祖父を思い重ねていた。


　この時「姥捨て」に関する新しい情報が入った。

「捨てる」は現代のようなネガティブな意味ばかりではなかったというのだ。かつては「送り出す」「旅立たせる」というニュアンスを持っていたようだ。「掟」ひいては「儀式」「祭り」を考えると、むしろこの方が適切なようだ。現代でも「旅立った」という表現、その思いは生きているのだから。

　するとおりんばあさん、息子の辰平の心情がなお鮮明に見えてきた。「楢山参り」はおりんばあさんを「送り出す」ための儀式、祭りだったのだ。

楢山参りは村の掟

自ら山へ行くことを覚悟して心待ちにしていたおりんばあさんは、決断しかねている息子辰平に日頃から発破をかけていたにちがいない。

この楢山参りで見えてくるのは、村の「掟」である。個人の感情、つまり捨てられる老親の怖れに通じる気持ち、そしてそれ以上に捨てる側の息子の悲痛な思いを長い年月受け継いできた村人たちは、それを村の「掟」とすることによって少しでも、そう、ほんの少しでも減ずることを無意識の内に願っていたにちがいない。

『楢山節考』を読み込んでいく内に、「掟」以上のものが見えてきた。

楢山参りは楢山祭りとも言われていた。「祭り」は常に神社に関わっている。「お伊勢参り」「熊野参り」と言われるように。「掟」は神事にまで昇華していったのだ。

楢山参り前日に行われる「掟の教示」はまさに儀式である。

山へ行く前夜、辰平の家では振舞酒で村人をもてなす。招待される人は山へ行った者に限られ、その中でも一番先に山へ行った者が古参と言われ、一番の発言権を持っていた。

「お山へ行く作法は、必ず守ってもらいやしょう」

本を読むような口ぶりで古参は言う。ここは個人の一言というのではなく、すでに儀式が始まっていることをうかがわせる。順次、次の者が同じ口ぶりで文言を言っていく。

「お山へ行く作法は、必ず守ってもらいやしょう。一つ、お山へ行ったらものを言わぬこと」

「お山へ行く作法は、必ず守ってもらいやしょう。一つ、家を出る時は誰にも見られぬようにに出ること」

「お山へ行く作法は、必ず守ってもらいやしょう。一つ、山から帰る時は決して後ろを振り向かぬこと」

四人目の者は、楢山へ行く道順を教示する。

その間、招待された者たちは、一斗甕に入った白萩様《しらはぎさま》（白米）の酒を回し飲みする。これは、おりんばあさんが前もって用意した酒である。

みんなが帰ってしまうと古参の照やんも席を立ったが、その時辰平を手招いて戸外に連れ出し連れ出した。小声で言った。

「おい、嫌ならお山まで行かんでも七谷の所から帰《けえ》ってもいいのだぞ。まあこれも誰にも聞かれないように教えることになっているのだから、言うだけは言っておくぜ」

その次の夜、おりんは渋りがちの辰平を急きたてるように励まして、楢山参りの途についた。

家の者たちが寝静まるのをうかがって、裏の縁側の戸をそっと外し、おりんは辰平のしょっている背板に乗った。

楢山が見えた時から、辰平はそこに住んでいる神の召使いのようになってしまい、神の命令で歩いているのだと思って歩いていた。

大きな岩陰によりかかって身を丸くしているその人は死人だった。また岩があってその陰には白骨があった。その間おりんは手を出し、その手を前へ前へと振った。

辰平は目を剥いて怒っているような表情をして、包みを筵《むしろ》の上に置いた。そして包みの中から白萩様（白米）のむすびを取り出した。

おりんは手をのばし、辰平の手を握った。辰平は体中が熱くなって、湯の中に入っているようにあぶら汗でびっしょりだった。おりんの手は辰平の手を固く握りしめた。そして辰平の背をドーンと押した。辰平は後ろを向いてはならない山の掟に従って歩き出したのである。

楢山の中程まで下りて来た時だった。辰平の目の前に白いものが映った。目の前を見つめた。楢の木の間に白い粉が舞っているのだ。雪だった。

普段からおりんは「わしが山へ行く時ァ、きっと雪が降るぞ」と力んでいたが、その通りになったのである。

その瞬間、辰平は猛然と踵を返して山を登り出した。すでに山の掟は吹っ飛んでしまっていた。雪が降ってきたことをおりんに知らせようとした。知らせようというより、「雪が降ってきた！」と語り合いたかったのだ。

「ふんとに雪が降ってきたなあ！」

と、せめて顔を見て言いたかった。辰平は我を忘れ、がむしゃらに走り、禁断の山道を登っていった。

辰平はそっと岩陰から顔を出した。目の前におりんが座っていた。背から頭を筵でおおうようにして雪を防いでいるが、前髪にも胸にも膝にも雪が積もっていて、白狐のように一点を見つめながらお念仏を唱えていた。

辰平は大声で、

「おっかあ、雪が降ってきたよう！」

と、叫んだ。

おりんは静かに手を出して、辰平の方に振った。

それは、「帰えれ、帰えれ」と言っていた。

「おっかあ、寒いだろうなあ」

おりんは何度も頭を横に振った。

「おっかあ、雪が降って運がいいなあ」

そのあとから「山へ行く日に」と歌の文句をつけ加えた。

おりんは大きく頷きながら、辰平の声の方に手をのばし、「帰えれ、帰えれ」と振った。

辰平はもう一度、

「おっかあ、ふんとに雪が降ったなあ」

と叫び終えると、脱兎のごとく山を駆け下りた。山の掟を破ったことを誰かに知られやしないかと飛ぶように山を下ったのだ。

楢山の神さまはこれを祝福し、そして雪を降らせたのだ。

雪の降りしきる中、空っぽの背板をしょって山を駆け下りるその後ろ姿からは、全身をふり絞っておっかあに語りかける辰平の声が聞こえてくるようだった。

「おっかあ、ふんとによかったなあ、ふんとに」

私は、おりんばあさんがお念仏を唱えていたという一文にひっかかった。おりんばあさんは楢山の神さまを目の前にしてお念仏を唱えている——ああ、そうなのだと思った。浄土真宗では、極楽浄土を一途に勧めている。しかし凡夫は、目に見えないものは決して信じることができないのだ。

それをお見通しで、阿弥陀如来様は光を和らげた仮の姿、神さまとなって地上に降り、現世の利益《りやく》を施しながら、それを縁として導き、ついには極楽浄土に迎え入れてやりたいとなさっている。

おりんばあさんが神さまのお導きで楢山に参り、そしてお念仏を唱えている。これは神意にも叶い、そして仏意にも叶っていたのである。

きれいな景色を見下ろす駅

ホームでは出張美容が組まれていて、私はこれを利用している。美容師の田上さんに「姥捨山」について話すと、こんなことを聞くことができた。

「私は信州の出なんですけど、信越線の佐久に『姥捨《うばすて》』という駅があるんですよ。姥捨伝説は信州で生まれたと聞いていますが、あの辺りの人々は誰でもこの伝説を知っていますね。その駅は少し高台にあって、そこから見る景色がとてもきれいなんです。あの残酷な伝説と対照的だったのを覚えています」

戦時中、奇しくも私が疎開した村は、北佐久郡にあった。二年余り通った小学校は「北大井小学校」といった。

田上さんの言う駅から見る「きれいな景色」という言葉には、きれいであるがゆえに切なく、しかもそこはかとない悲哀を見る思いであった。それは「姥捨」が、私の中では「掟」「神事」にまで昇華されていないがゆえのことなのだろうか。

ここまで私は、因習に閉ざされた棄老伝説を書いてきた。しかしここからは現在私が入居している老人ホームに目線を移すのだ。これまでと違った緊張感が私にはあった。

今私が生活している「老人ホーム」を「姥捨山」と言ってしまったこと自体、これは私個人の思いと言って許されるものではないかもしれない。衆目にさらされている場で書いていかねばならないという緊張感なのだ。批判を覚悟した緊張感である。

なぜ今、人は老人ホームを選ぶのか

かつて常に飢えに苦しめられてきた時代は、「食」を中心とした「口減らし」に端を発しているが、現代ではなんのために「老人ホーム」を選択するのかと考えると、それは「介護」以外の何ものでもないことは明らかである。家族の「介護の重圧」を軽減するためだ。

重圧と表現したのは、ホームのスタッフが入居者に対して行っている言動から、人はここまで人の支えが必要なのか——という思いがあるからである。

私自身のことでいえば、息子を中心とした家族に介護をさせないために、自ら選んだ終の棲である。もちろん老人ホーム入居には隔絶された施設という不安はあったが、家族に介護の負担をかけることからの解放感の方が大きかった。

しかしそれには、それ相当の経済的な裏付けがあったことはもちろんである。

そのため、「捨てられた」はもちろん、「入居させられた」という思いは全くなかった。

私のように、自ら老人ホームに入居してきた人たちはごくわずかだ。たいていは家族が検討し、ほぼ決めておいてから老親に話すという手順を踏んでいる。そのため見学するホームの数は複数に及ぶこともあり、それに費やす時間や心労は、私にとってそんなに大変なものなのかというのが正直なところだ。自主的に入居を決めた人と、家族があらかじめ決めた人の間には、明らかに差異が認められる。それはホーム入居後に顕著に見られるようにさえ思われる。

自主的に入居してきた人たちは自分の意志が明確なため、すべての人たちに共通するさみしさ、不安はあるものの、それらをどこか当然のこととして認めているのか、日常の中でそれを口にすることはない。しかも「終の棲」で自分の居場所を見い出し、自分が看取りまでを託すホームとしてスタッフを観察することもあり、私はこうした人の考え、思いを私自身のホームでの役割を考える時の参考にしてきたこともある。時には新しい発見さえもらえることもあった。

「老人ホーム入居」を考える時、必ず私の脳裏に浮かぶことがある。それは読売新聞に載っていたルポライター吉田潮さんの一文である。父親を老人施設に入れた際、「まだ自分が介護してあげられたのではないか」という罪悪感があり、これは一生自分につきまとうのではないかと思ったという。そして父親の「こんな所に閉じ込めやがって」という憤りも同時に書いていた。

彼女の罪悪感にはどこか親を「捨てた」という思い、そして父親の言葉に「捨てられた」という思いを感じ取ってしまうのは私だけであろうか。

小学生時代、よく遊びに行った友達の家があった。その友達の家では嫁である友達の母親が姑の面倒をみていた。子ども心に、そのおばあちゃんは厳しく、おばさんは大変だなと同情した記憶がある。

私の息子が小学生だった頃、夏休み旅行を兼ねて岐阜県の中津川にいた夫の祖母を訪ねたことがある。夫が幼い頃、仕事を持っていた母親に代わってこの祖母が世話をして育ててもらったことを私は聞いていた。

祖母は二階で寝起きをしていて、用事があるたびに手を叩いて嫁である叔母を呼んだ。叔母は大きな声で返事をすると、音を立てて階段を駆け上がってきた。祖母が当然という態度で叔母に用を言いつけていたのが、私にはちょっと意外に思えた。私はむしろ、叔母に恐縮さえしていたのだから。

私は祖母には手土産程度のもの、しかし叔母にはそれ以上のものを持って行っていた。祖母を世話する大変さを思いやっていたからだ。

その時、叔父が言った。

「おまえさんたちは来た時にばあさんの相手をするだけだが、さき（叔母の名）は毎日だからな。そりゃあ大変だ」

旅を口実にとはいえ、遠方からやって来た甥夫婦には皮肉とも聞こえたかもしれないが、私は毎日年寄りを世話している妻の夫としては、もっともなことだと思った覚えがある。しかし友達の母親にしても、この叔母にしても、こうした姑の扱いは当然と受け入れていたふしがある。この祖母たちもかつて嫁として姑に仕えてきているので、私には厳しいと映ったけれど、こうした光景は日本の社会ではどこでも見られるものだったのだろう。嫁あるいは娘が老親を看るのは当たり前で、それが順次受け継がれていた時代を垣間見てきたのが私の世代だった。そうした生活習慣が崩れ始め、老人ホームなるものが出現してきたのは、いつの頃からだったのだろう。

私はホーム内では、「姥捨山」という表現は慎重に使っていた。この表現には批判があるかもしれないという思いが、常につきまとっていたからだ。

ところが思わぬことを耳にした。

私とは少し離れたテーブルにいる新たに入ってきた入居者が、不安でたまらないのだろう、

「ママは夕方迎えに来るのね?」

そうくり返していた。その人の隣の席には、半年程前に入居した千田さんがいた。千田さんは小学生の時に両親が離婚、しかもその後実母と姑の介護をしたというのだから、私には想像もできない境遇を生きてきた人だ。明るく話好きであったが、同じ話を何度もく

り返すのだから聞く側はやはり疲れる。

この日千田さんは、隣の入居者の不安を和らげようと、同じことをくり返しながら応待していた。そして私に聞こえてきたのが次のような発言だった。

「ここは年寄りばかりですよ。姥捨山ですからね。でも昔と違って楽しいですから、安心してください」

私たちの年代の人にとっては、「姥捨山」は単なる伝説ではなく、老後の「自分の行くべき所」という意味を持っているのだということを、この一言で知った。

「昔と違ってとても楽しいから、安心してね」という中には、老人ホームを「姥捨山」と同義語に使いながら「楽しい」と言うのだから、現代の老人ホームが持つイメージを表現しているのだとも思った。

「嫁さんに看てもらうよりも、老人ホーム」

千田さんが常々そう言っていることは、私も知っていた。

息子さんはこの母親の入居を前に、ゆっくり時間をかけた故郷への旅行を計画・実行したという。千田さんの故郷は東北。誰しも、生まれ育った故郷には格別の愛着がある。その故郷には千田さんの姉妹たちがいて、そのすべての家々を訪ね、その合間には土地の温泉も楽しんだようだ。

この旅行を計画した息子さんの母親への思いやり、心遣いが伝わってくる旅であった。

ホームへは旅行先から直行。

「家に帰ると里心がつくと思ったのでしょうね」

千田さんはそう言って笑った。

老親をホームに入居させる息子の切なさ

私はこれまで、入居してくる老親と、入居させてくる家族（多くは息子か娘）のその時の思いを対比して考えるようになっていた。

そして再び、ルポライター吉田潮さんの一文と重ね合わせてみる。

「まだ自分が介護してあげられたのではないか」

という罪悪感に、一生つきまとわれるかもしれない。

これは息子たち側にある罪悪感とまではいかなくても、「すまない」という気持ちだ。

私が入居して間もない頃に入居してきた野間さんの場合。入居して次の日、息子さんはティールームで少し離れて母親を見ていた。そして「お母さん、楽しい?」と聞いたのだ。入居した次の日といえば、何もわからず頭の中は真っ白になっているはずの母親にだ。この時、私は息子さんの切羽詰まった思いを聞いたように思った。次の日も息子さんは、離れた所から母親を見守っていた。

私は時々この場面を思い出すのだが、この時は老親を入居させる息子さんの切なさを見たように思ってしまうのだ。

息子さんの切なさというと、もう一つ思い出すエピソードがある。

保利さんの息子さんとの出会いである。

ウッドデッキに面した部屋のガラス戸を開け放っていた私は、ホーム長に案内されてきた男性に気付いた。男性はプランターに植えられた花々や、目の前に広がる竹林にスマホを向け写真を撮っていた。明らかに見学者だ。それで私は、「ご家族はどちらからいらっしゃるのですか?」と尋ねた。男性は軽く会釈をして「福岡です」と言った。

この「福岡」に、私は胸が痛んだ。今では飛行機を利用すれば、飛行場までの時間を考えても数時間の距離だ。しかし、しかしだ。長年住んだ家は馴染んだ街にあり、友人もいるだろう。私など隣街から来た身である。息子さんが東京にいるとはいえ、再び帰ることのない「福岡」を思って、「私がお母さまのお友達になりましょう。そうすればたった一人でホームに入居するのとは違い、待っていてくれる友達がいると思われるでしょう。気持ちが軽くなると思います」と言った。

私としては手紙を書き送るつもりで言ったのだ。するとなんと息子さんは、「ありがとうございます」と言うが早いか、その場で母親に電話をかけたのだ。これには私の方が驚いてしまった。

しかしこのことで、私が知ったことがあった。私は長年住み慣れた故郷の地を離れ一人上京するお母さんの気持ちを軽くしたいと思ったのだが、親を自分の手元ではなく、老人ホームに入居させる息子さんの切ない気持ちを見たと思った。母親が一人故郷の家を離れホームに入居する切なさと同時に、息子さんの切羽詰まった切なさを和らげることは表裏一体なのだ。


最近もう一組の母子のことがあった。

その人は、歩行器に支えられなければ危うい程上半身は前屈していて、スタッフが付き添っていたが、穏やかで人柄の良さを忍ばせているのを感じた。独身の息子さんと一緒に暮らしていたが、その息子さんが入院するのを機にホームに入居したという。急遽という事情があったのかもしれない。その時息子さんがこう言ったという。

「母さん、オレ母さんを捨てないよ」

母親は「こんなことを言うのですから、やさしい子なんです」とつけ加えた。

ホーム入居には、入居してくる老親と、送り込む息子の思いを知った多くのエピソードがある。息子をはじめとする家族に介護を託さないと決めていた私には、知り得なかった家族の切なさと言ってもよかった。

その反面老親の方はどうかと言えば、家族を介護から解放したという安堵があるように見える。これは決して恩着せがましい思いではなく、これで良かったぐらいの思いと言っていい。

「家族は安心していると思いますよ」

と語っていた入居者がいたが、私もそれに同感だ。

老人ホームを選ぶ社会的背景

棄老伝説が生まれた時代と違い、「老人ホーム入居」には「掟」はもちろん「ルール」もない。家族が「介護」をホームに託すという時には、老親の気持ちを大切に、大切に運ばなければ実現しない現代版「姥捨山」だということがわかる。

核家族化、それに伴う住宅事情もあり、生活習慣として、嫁が老親を看るのが当然というこことはほぼなくなっていった。女性の高学歴化そして社会進出、娘も息子と同様、老親が介護を必要とする年齢に達する時には、職場でも責任ある立場にいることが多い。面会に来るのはやはり女性が多い。しかし、こんなこともあった。

増沢さんの娘さんとおぼしき女性が面会に訪れた。いかにもキャリアウーマンといった印象の女性だった。服装も高いヒールの靴も、このホームに面会に来る家族とは一見して違って見えた。

「今日は娘さんが見えたのね、よかったわね」

と私が言うと、増沢さんは、

「娘は仕事が忙しくてめったに来ないんですよ。息子の方がよく来てくれます」と答えた。娘さん、息子さんがどんな職業に就いているかは知らないが、こんなことも大いにアリの現代だと思った。

ホーム内で入居にまつわる話題でよく聞かれることは、「嫁には介護はさせられない」だ。息子にしても、自分の老親を妻に看させるのは精神的に大きな負担であることを自覚している。息子を持つ老親からしても、息子にその負担を強いることは避けたい。「嫁に介護は頼めない」は、これと表裏一体にある。

こうした状況の中で、社会のニーズに応えて老人ホームは増えていったのだろう。そしてその裏で、家族による介護では様々な問題も生じている。「介護離職」、「老々介護」などである。介護離職した息子が親の年金で生活しているという報道もあった。

なにより悲惨なのは、老々介護の末に配偶者を殺し、自らも命を断ったという事件だった。一件は夫が妻を、もう一件は妻が夫を――長年の老々介護の果てに疲弊し切った心身は、正気を失わせたのだろう。一件は包丁による殺傷、もう一件は紐による絞殺。そしてこの二つの事件に共通しているのは、そのあげく自らの命を断ったということだ。

報道では一分にも満たないニュースだけれど、私はその詳細を考えることもできない。それ程悲惨で残酷な事件だからだ。

ここまで書き終えた時、私の高校時代の友人から手紙が届いた。同級生だから私と同年の八十二歳だ。彼女からの手紙をここに引用させてもらう。

二〇二〇年の五月に、夫が腰椎の圧迫骨折で要介護3の寝たきり状態となり、ある日突然の老々在宅介護が始まったのです。

私も医者通いする身で泣きました。鬱《うつ》にもなりました。でもお陰様で、訪問診療、訪問入浴、訪問看護、週二回の訪問リハビリ、多くの方に助けられて要介護2に。

今はトイレに自分で行けるようになったし、理学療法士さんと一緒に、補助器具を使いながらリハビリで外の歩行訓練をしています。骨粗しょう症の上に腎臓、糖尿、心臓など、持病があるし、もし転んだらアウト、寝たきりに逆戻りです。

みなさんに良くして貰っていますが、「在宅介護」は家族の犠牲の上に成り立っているように思います。ケアマネさんは「奥さん身体に気をつけてくださいね、共倒れになると大変ですからね」と声をかけてくれる。（後略）

同年の友人からの手紙だけに「在宅老々介護」の有様が手に取るように見えて、その現実に私は強いショックを受けた。

安心安全な時間を買う

昔の「口減らし」を「介護重圧減らし」に置き換えて考えると、「老人ホーム」はターミナルケアであり、終着駅に到着するまでの時間、安心安全な時間を買うということでもある。それが千田さんの言う「昔と違って楽しいわよ、だから安心してね」に表現される時間なのだ。

その終着駅までの時間を買うのは、入居者本人の資産。本人が専業主婦であったとしても、夫を助け支えたのだから夫の収入の何割かは妻の取り分と考えられている。しかも子どもを育てたのなら、それも資産と考えていい。それに介護保険（税金）、これらの合算額でターミナルまでの時間を買うということだ。

ターミナルまでの生活時間を列車の走る時間に例えると、終着駅までに要する時間は個々人の寿命で決まるので当然差は出てくる。新幹線でいうなら、東京を出ても福岡までの人と広島、名古屋、あるいは何かの事情で途中下車する人もあるかもしれない。但し新幹線のようなスピードはない。それどころか、いつ終着駅に着くかわからないという漠とした不安がつきまとう。長寿時代を迎えた現代では、私が考えていた以上の長時間に及ぶようだ。

私のいるホームで考えてみると、自由席車輛ではなく、指定席車輛ということだろうか。それだから荷物を持って立っているということはなく、時にはシートをリクライニングさせ、居眠りすることもできる。時間がくれば食堂車に行くこともでき、時には座席にまで食事を運んでもらうこともできる。

この快適な時間を千田さんの言葉を借りれば、「ここは年寄りばかりですよ。姥捨山ですからね。でも昔と違って楽しいですから、安心してください」なのだ。

付け加えることがあるとすれば、これはレールの上を走る列車なので、自由に外へ出ることはできない。しかもこの列車は、エアコンで快適な温度が一年中保たれてはいるが、昔の汽車のように窓を全開にして、外気を入れて深呼吸することもできない。

昔の汽車の旅は駅に停まると必ず、「えーっ、お茶に、弁当〜」が聞かれ、窓から身を乗り出してその土地の味を楽しんだ思い出がある。しかし新幹線はその楽しみを完全にシャットアウトした。快適さと引き換えに、失うものも大きい。

ホーム内では徘徊する人も少なからずいる。この人たちに共通していることは、長い廊下の先、突き当たりの大きなガラス戸から外を眺めていることだ。段差のないカーペットを敷きつめた廊下、そしてガラス越しに見る四角く切りとられた空と家並み、しかし子どもたちの声は聞こえない。

家で暮らす徘徊癖のある人は、歩き回るだけの広さのない家を抜け出し、当然街に出る。街には多くの危険はあるが、そこには長く住み慣れた馴染みの街が広がり、走り回る子どもたちを眺めながら歩き続けるということではなかったのか、とさえ思ってしまう。

それでだろうか、四角いガラス戸から外を眺めている人の後ろ姿は、いつもさみしい。

超高齢社会

家族が老親を介護するのが難しくなり、老人ホームが多く出現したのには平均寿命が延び、超少子高齢社会になったという背景がある。平均寿命は一九四五年の終戦前後には四十代の後半だったのが、戦後五十年頃には八十歳前後、寿命そのものが三十年以上延びた。人類史で考えても数千年で十歳程度の延びが、ここ数十年で三十歳も延びたのは驚異的である。これを考える時、そこに何か大きな歪みさえ感じてしまう。当然介護を必要とする期間も延びたことになる。

その平均寿命の延びは、国民の栄養事情の改善によってもたらされている。戦中・戦後によく聞かれた「栄養失調」はすでに死語となり、反面、経済向上に伴う飽食の陰でいわゆる低栄養、栄養の片寄りはあるだろうが、国民の寿命の底上げには栄養改善がある。

そして豊かさは人々に生活の快適さを求めさせ、技術はこれらに十分応えた。エアコンが普及し、厳寒・猛暑など、温度差によるリスクは半減した。

冬の寒さが影響する三大疾患、脳血管系、心臓病系、呼吸器系のワーストクラスは北海道や東北ではなく、栃木県を筆頭に北関東だと聞いたが、寒い北海道では家全体が暖房されているので東京より寒くないと知人が言っていたのと符合する。

しかしなんといっても、医学、科学の進歩は目を見張るものがある。こうした中で病気を治すことを主としてきた医療は、予防、治療、薬などのおかげで現代では「死なせない」「生かす」という面が浮彫りにされてきている。

最近「健康寿命」がいわれる。一応、一人で支障なく生活できる高齢者をいうのだろう。すると老人ホームは、ほとんどがこの域を超えた高齢者がその対象になる。ガンも認知症も老年病といえる。ガンは医療の対象だが、認知症では医療は決して主役ではない。団塊世代が後期高齢者に入る二〇二五年には、五人に一人が認知症ともいわれている。しかし私は、これを超える数字を考えている。となると、老人ホームは認知症に対して万全の対策が今以上に必要とされるだろう。それも早急にだ。そうでなくても人員不足が問題となっている介護現場である。介護福祉士の離職率を下げるためにも、認知症の学習とその普及は必須だと思う。

集団生活を余儀なくされるホームでは、認知症でない人たちにとっても無視できない大きな問題だと思う。

「人生は、思い荷を背負って坂道を行くようなものだ」

とは、誰が言ったのだろう。

食事も介護の内

私はホームに入居して一年近く、介護の大変さを見てスタッフへの感謝の思いが強まったので、食事に関していえば、「提供されたものをありがたくいただく」ことは至極当然と思ってきた。また「食事も介護の内」、などとは考えたことさえなかった。ましてや主婦も長くしてきた私には、買物、調理、なにより面倒な後片付けがない生活など思ってもみず、恩の字とさえ思ってきた。

ホームには普通食の人ばかりではなく、入居者の体力の衰弱に合わせたきざみ食、ペースト状と分けられ、スタッフが始めから終わりまで介助してスプーンで口に運んでいる。それらを日々見ている私は、「食べることの大切さ」を知れば知る程、自分の目の前に運ばれてくる食事のおいしさは二の次、三の次となっていたのも事実だ。

もっともコロナ感染が社会を脅かすまでは、入居者が時々希望の店へ出かけることもあったようだ。確か私も、遠足を兼ねた椿山荘での食事に誘ってもらったこともあった。

こうした外での食事会があって、入居者たちの食事に関する不満は表面化しなかったのかもしれない。

しかしコロナ禍で食事会はもちろん、すべて自粛、自粛の日々の中、食事へと関心が向けられていったともいえる。

私の自衛策は、買物代行で購入する「ごま塩」。具体的に白いごはんとみそ汁（みそ汁の出汁《だし》の薄さに不満はあったが）はまあおいしいので、ごはんにごま塩をかけることで最低の線はクリアした。

そんな中で、鳥越さんご夫婦はいろいろ工夫して食卓にのせていることを知った。ごはんのお供的なものはもちろん、時には冷凍のレトルト食品をチンして運んでもらっていることも次第にわかってきた。

一緒のダイニングテーブルに着いていたある時、鳥越さんがこう言った。

「ねぇ、北沢さん、ボクたちこれから先あと何食食べられるかと思うと、おいしいものを食べたいよ」

このことがきっかけとなり、私の食への関心は俄然動き出した。

鳥越さんご夫婦と私の三人は、自衛策として釜めし、鮨などの出前を取ってみた。これはまあまあ満足だった。ある時は近くに住む私の兄夫婦に頼んで、伊勢丹の食品売場で持ち帰りできる弁当や焼きそばを買ってきてもらったこともある。しかしこれは家族にかける負担が大きく、長くは続かなかった。

新しい入居者が入ってきてホームの生活に馴染んで落ち着いてくると、毎日の食事は当然話題となり、不満を多く聞くようになった。それで私は有志を募って、食事に関するアンケートを取ってホームに要望したらどうだろうかと考え、個別に意見を聞いて回った。仲間を募るのは慎重にしなければいけないからだ。

高齢者向けの食事という制限のある中でいろいろ工夫していただいているのはわかりますが、ホームでの毎日の食事は一番と言っていい楽しみです、という前書きを添えた。

そして、

- ●味つけ　調味について
- ●イベント食への要望
- ●今迄でおいしかったと思うもの
- ●まずいと思ったもの
- ●その他感想、要望

などを項目別に記入してもらうことにした。

計八名が参加した。もちろん全員普通食の人だ。私はこの他にもメイ子さん、外山さんにも参加してほしかった。というのは、この二人が食事について「まずい」と嘆いているのを聞いていたからだ。それも再三にだ。しかし、このアンケートの主旨は「おいしい」「まずい」というのではなく、食事の何がどうまずいのか改善を要望するためのものだったので、この二人がこの主旨を正確に理解し、判断して回答してもらえるとは思えなかったため声掛けはしなかった。しかし、二人を外したことに私の心は痛んだ。

こうして八名に用紙を手渡し、回収はゆとりを持たせ、ほぼ一カ月後とした。

しかし、アンケートでは、私が期待したような回答は得られなかった。会話の中で話される時は率直で具体的であり、そうね、そう、そうと同感することも多かったが、いざアンケート式になってしまうと、個々の料理ではなくなってしまうために、どう表現してよいのかわからなかったのかもしれない。「昨日の何々はどうだった?」と聞かれても答えられないのに通じる。

このアンケートをホームに提出しても、思ったような改善はみられなかった。もっともそれは予測していたことでもあった。

炒め物の水っぽさ、グシャグシャは多少改善されたかなと思う程度。確かに具材は原型をとどめているものもある。薄くパサパサとした豚肉には、脂身が交じってきた。麺類はどれもコシがあっておいしいが、相変わらず具はお粗末で、出汁も決しておいしいとは言えない。

このアンケート後にこんな意見があった。

「少し食費を上げてもいいから、食材自体の質をよくしてもらいたいがどうか」

私個人としてはできることならそうしたい思いはあったが、それは絶対不可能だと否定した。一ホームで決められることとは思えなかったし、それにこのホームの入居者全員、なによりその保証人までが、それに賛同することは絶対ありえないことだ。一つのマンションを解体して建て直す以上のことだからである。


しかしこの間に私たちはまたもや自衛策を考えた。それは「出前」と「買い出し」を組み込むことだった。「出前」をしてくれる店、それに買い出しはセブン・イレブンを利用した。コンビニ業界は競争が激しいだけに、日々研究をしているのがわかる。家にいた時はほとんど利用したことのないコンビニだが、「さすが！」と思う程おいしいものもあった。


私たちは決して「おいしいごちそう」を望んでいるわけではない。家にいた時も非日常のイベント食は「おいしいごちそう」を食べた。その際には、ホテルやそれなりにその料理に特化した店を選んでいた。しかし日常は、ごくシンプルな料理を食べてきた。私などたいていは、その日のスーパーの目玉商品を見てメニューを考えることが多かった。

私たち世代の食事は、白いごはんにみそ汁、漬物が基本になっている（入居者の家族が決まって漬物を差し入れている人も数人いる）。みりんも砂糖も貴重だったので、甘ったるい味付けは馴染まない。シャレた料理名を付けたり、頭を使って調理して却ってまずくしている感さえある。ホーム側の人間は入居者の平均年齢八十八・五歳ということを考えないのだろうか。すべて、戦中・戦後を生きてきた人たちなのだ。

時には、なんで自分はこんなに食べることにこだわっているのだろうかと、ちょっぴり恥じながら考えることがある。しかし考えてみると、ホームのダイニングは唯一といっていい会話の場だ。しかも目の前にその日の料理が出てくると、必然的に「この魚、何？」「このソースちょっと甘過ぎない？」「今日のごはんにはごま塩、それともふりかけにしましょうか？」などなど、テレビを見ながらの家での食事とは違い、話題は今口に運んでいる料理に目も気持ちもいく。しかもそれが日に三回だ。

昔、家でテレビが故障して修理に来てもらうまで、食卓を囲みいかに目の前の料理がおいしいかと話に花が咲いたかを思い出す。料理の味はもちろんのこと、魚を買った店にまで話は及んだ。

テレビのないホームのダイニングでは、目の前には提供された料理しかない。満腹感はあっても、満足感のない食事を終えて席を立つ時にいつも感じるストレスである。

「私たちは、ずっとこの食事をしていくんですもの」

と、隣のテーブルの弘田さんが言った。

帝国ホテルから子ども食堂へ

読売新聞のある記事に目が止まった。「帝国ホテルから子ども食堂へ」だ。

その記事は、日本の仏料理の最高峰と見なされる帝国ホテルで、百三十年を越える歴史の中でたった二人しかいない重責を長年担ったという総料理長・田中健一郎さん（七十一歳）を取り上げていた。二〇二一年の九月に退職。再就職の引く手あまたの中（そうでしょうね！）、第二の人生は子ども食堂を選んだというのだ。

田中さんは、子ども食堂が貧困支援だけで捉えられることに懸念を抱き、「年代を問わず一緒に食を楽しむ場があればと願っていた。おいしい料理が明るいイメージ作りに役立てば」と語り、「今後は子ども食堂の現場での調理やレシピ考案といった協力もしていきたい」と抱負を述べていた。

私としては子ども食堂にとどまらず、人生最後を生きている「終の棲」の食堂にも目を向けてほしいと、遠い遠い地から願っている。

おいしい食事は立派な介護だから。

「あしなが育英会」との出会い

コロナ禍で街頭での募金活動が中止となり苦境に立たされている「あしなが育英会」が報道された。それがきっかけで、私は育英会に連絡を取った。

現役時代、新宿駅を利用することの多かった私は、小田急百貨店前の歩道に立つ奨学生の募金箱に寄付をしたことはあったが、近年は「あしなが育英会」の存在すら忘れていた。振込用紙で寄付をしたのは、今回が初めてのことだった。

私も、大学進学を応援していただいたことがあった。私は中学生の時に父を亡くしていたので、母は女手一つで私たち三人の兄妹を育てた。私が大学進学を目指すと言った時、母の答えは、「女の子のあなたまで大学に行かせることはできない」だった。

その時、私の身近にいた方が、「勉強は若い時にしかできないのだから大学に行きなさい」と手を差しのべてくださったのである。後に私に浄土真宗のお念仏をお導きくださった方である。

私が大学生になると、お嬢さんの家庭教師をさせてくださり、当時高卒の初任給がおよそ一万円の時代に、五千円の月謝は私にとって大変なものだった。

その月謝もさることながら、そのお宅で出してくださる出前の天丼やカツ丼などは、おいしいものに飢えていた当時の私には、なによりの楽しみでもあった。

経済的に進学が困難な若い人たちを支援する「あしなが育英会」は、こんな私の思い出に繋がる活動でもあった。


ダイニングのテーブルで向かいの綾野さんに「あしなが育英会」のことを話すと、「自分もぜひ」と言ってくれた。

次の日、私に渡された白い封筒の中には一万円が入っていた。これは綾野さん自身の意思でしてくれたことはわかっていたが、保証人の娘さんにこの寄付金のことは話すよう伝えた。

ホーム内では、個人間の金銭のやりとりは原則禁止されている。何事も保証人を通して行われる。私には時には窮屈に感じられないこともないが、ホーム内でのトラブル防止のためには必要なことだということを私は承知していた。

綾野さんの娘さんからは丁寧なお礼を言われ、私の方がむしろ恐縮した。その時娘さんは、「ママ、良い事をしたね」と言ったそうだ。

綾野さん自身も、「ホームの生活では意味のあることがなかったけど、『あしなが育英会』

の寄付では、年寄りでもこんなうれしいことができるんですもの」と言ってくれた。
一回目の寄付の礼状と共に、奨学生の感謝の詩が書かれたハガキが同封されてきた。

あしながさんが見守ってくれているから
今の私がいる。
影で支えてくれる人がいるから
私は強くなれる。
毎日早々と過ぎ去る日々を
「当たり前」だと思ってはいけない
感謝しながら一日一日を大切に
あしながさんのように
誰かに勇気を与え　陰で支えられる人に
私もなりたい
　　詩　あしなが奨学生

あしながさんは

私を未来に導いてくれる
勉強できる喜び
学校に通える喜び
将来を考えることのできる喜び
あしながさんのおかげで
毎日喜びを感じられる
未来にかけて
歩んでいく

詩　本間優里（高2）

この奨学生たちの詩は、私たちに予期しなかった喜びを与えてくれた。

衣食住の煩わしさもなく、一日中見守り、介助介護の中の生活。しかし、これらはすべて一方的に与えられるものであり、私たちは「ありがとう」と感謝するだけの側、立場に置かれている。確かにこれらは、老人ホームでは基本的に大切なことだ。しかしこれでは社会から隔絶され、人のためには無意味な存在に思えて、こうした自分に満足できない、やっかいな生きものでもある。

このホームの最年長者、現在百六歳の小和田さんが、百三歳のお祝いの会の挨拶で、「私は朝から夜までスタッフさんのお世話になり、そのおかげで元気できております。おかげで私は今も編物をし、新聞折り、箱づくり、エプロンたたみのお手伝いをしております」

と、言われたのを思い出す。

私は小和田さんのエプロンたたみをお手伝いし、小和田さんに手を合わせ、お礼を言う。小和田さんは「私のできる間はね」と言い、私に手を合わせて返礼する。

確かに小和田さんは、稀にみる健康に恵まれた方だ。しかしこれらのお手伝いは、小和田さんの自負でもあり、生きる指標ともいっていい。

こうしてホーム内にも、また私の家族にも、あしながさんが誕生。高額ではないにしても小さな善意が伝わり、広がっていくのはうれしい。大きな家族がその周りの人を巻き込んで大きくなるのはなによりだ。

お菓子の入っていた丸い空き缶に、「あしなが募金缶」と貼り紙をした。百円玉を入れるとかすかだけれど確かな金属音が伝わってくる。その音がかすかなのは、中に千円札も交じっているからだ。

私の元に奨学生の詩　三通目が届いた。

何かに迷ったら空を見上げてみよう
つながる空の下で
きっとあしながさんがみていてくれる

未来への道のりは長くゴールは遠くても
一歩一歩楽しみながら進んでいこう

一緒に歩いてくれる
一緒に喜んでくれる

あしながさんの大きな愛情に感謝しながら
「ありがとう」と声にしてみよう

見上げた空は澄んでいるはずだから

石橋凜花子さん（18）
福岡県　高校3年

私はこの詩を原稿用紙に書き移し、保利あしながさんに渡した。保利さんは福岡からこのホームに入居した。いつも部屋から空を見上げていると聞いていた。見上げる空は遠く離れているけれど、東京と福岡、あしながさんと奨学生を繋いでいるのだから。

テレビで医療従事者をはじめ、保育士、介護福祉士たちの賃金引き上げを政府が発表した。人に密接に関わるこうした職種は意外に重労働だ。しかも精神的な負担は、目に見えないだけに大きいものがあるだろう。

このニュースを聞いた日、私は一番若手の裕太郎君にこのことを伝えた。彼は「やったぁー！」と両手を上げた。若いからこうしたダイレクトなゼスチャーもできるのだろうと微笑ましく思いながら、私にもちょっとうれしいニュースであった。

私は、「あしなが育英会」に私の声を届けたいと思い手紙を書いた。

将来を夢みて進学する若い人たちに、その将来の一つに介護の仕事を入れてほしいと書いたのだ。「人の役に立ちたい」を具現できる職場の一つでもあるからだ。

こうしてあしながさんの一人となった私は、面識はないけれど日本の将来を担う多くの奨学生たちと繋がりができたのである。

私の主治医に「あしなが育英会」との交流を話すと、「教育に投資することはローリスク&ハイリターンですからね」と喜んでくれた。

おばあちゃんたちを中心とした小さな寄付が将来の大きな報酬となって、私たちがその恩恵にあずかっていくことに思いを馳せた。

鳥越さんとのお別れ

十一月の初め、鳥越さんが急に入院した。この事実もスタッフから聞いたのではない。二、三日姿を見ないので、奥さんの律さんに聞いた時の返事だ。

「急に連れて行かれちゃった……」

そんなはずはない。律さんが動転していたのか、あるいは勘違いしてすぐ戻ると思っていたのかもしれない。

鳥越さんの姿を見ない日が続いた。私は思い余ってスタッフに尋ねた。

「そんなことはありませんよ。その状況は写真を添えてお部屋の壁に貼ってあります」

ということだった。それで、ともかく私は安心した。なんで入院したのか、これはいつもの「個人情報」を盾に知らされないことを思い知っていた私は、それ以上のことは聞かなかった。その後何度か律さんに様子を聞いたが、いつも要領を得ない返事ばかりだった。

ほぼ一カ月が経った頃だろうか、ホームに鳥越さんの姿があった。その姿は痛々しい程痩せていた。食事は介助の必要なテーブル、しかも車椅子に座っていた。私はともかく姿を見て安堵し、鳥越さんの元に飛んでいった。

「お帰りなさい。ああ、よかった、よかったわ」

「ありがとう」

その声は意外に力強かった。

「ありがとう、とても辛い入院だった。でも元気で帰っておかあさんと北沢さんにお礼を言いたかった。それで苦しい入院も耐えることができましたよ」

その声は私が思っていたよりも力強く、私たちは固く握手をした。その手にも力を感じた。

「そう、ありがとうございます。よかった、よかったわ」

律さんの席は以前のまま、介助のテーブルからは離れていたが、私の席からはちょっと向きを変えるだけで鳥越さんの姿が見通せたのはなによりだった。

食事が終わると私はすぐに駆け寄り、トレーの中の食器をのぞいた。食事はペースト状——私はさみしかった——だったが、今はそんなことは言っていられない。食器に残された量から見て、まあまあというところだったが、当然という思いの方が強く、私は逸《はや》る気持ちを抑えた。

「ムリはしなくていいけど、頑張って食べてね」

鳥越さんは何度も頷いた。

私はその足で律さんの元に行き、食器の中のことを伝えた。そして、

「ねぇ、ご主人の隣の席に移動させてもらった方がいいんじゃないの」

と聞いた。律さんと同じテーブルにいる保利さんも同じことを言った。

「ありがとう、でも席は決まっているし、退院してきてくれただけで十分」

という返事で席替えには躊躇しているのがわかり、私はそれ以上は言わなかった。


三日目頃だったろうか、鳥越さんの食欲に変化が見られた。ほぼ完食なのだ。その変化がなによりうれしかった。

「お粥にみんな入れちゃうんですよ、その方が食べられる」

「そう、それならそれに越したことはないわ」

そして一度だけだったが、介護予防体操に参加していた。それだけの気力も出てきたのだ、と私は安堵した。律さんが食前と食後に、ご主人のそばに行って話し合っているのも見られた。

ほぼ完食という状態は数日続いただろうか。ある時、食事中の鳥越さんに看護師が何か話しかけていた。その日から食事の量がガクンと減った。私は知りようもなかったが、食後に吐くなどのトラブルがあったのではと疑念を抱いた。それで私の食前にかける言葉が

変わった。

「焦らないでね、ムリしないで頑張って」

鳥越さんもそれに応じ、同じ言葉を返してくれた。


十一月半ば、「あしなが育英会」の初回の寄付が実現した。その礼状と共に奨学生の詩が届いたので、私はまず鳥越さんに報告した。そして奨学生の詩を鳥越さんの耳元で二度くり返し読みあげた。

「北沢さん、いいことをしてくれましたね、ボクもできる限り応援しますよ」

いつものように両手を高く上げて喜んでくれた。

「ありがとう、ありがとう」

鳥越さんのその声には力強さが感じられ、私はこのまま回復していくことを信じ始めていた。


鳥越さんがペースト状の食事に変わってから、夫婦の席は離れたままだった。

そんなある時、メイ子さんが私を手招いた。その表情がとても険しかった。今迄にこんな表情を見せたことはなかったので、私はすぐにメイ子さんの元に行った。

「ねぇ、あなたはこの方と向こうのおばあちゃんが夫婦だと知っていたんでしょ。なんてあなたはひどい人！　大嫌いよ！　もうあっちへ行け！　大嫌いだ！　この方がひとりで食事をできると思っているの？　なんてひどい人ね、大嫌い！　あっちへ行け！　友達なんかじゃない！」

メイ子さんはこう叫んで私の腕を叩いた。その力は私が思っていたより強いものだった。それも何度も叩いたのだ。しかし私はその痛みを感じながら、メイ子さんが本気で憤っているのがわかってうれしかった。

鳥越さんと、奥さんの律さんの席が離れていることを本気で心配してなんかいないじゃないか、とメイ子さんは私に憤っているのだ。私はメイ子さんに頭を下げた。

だがメイ子さんは、まだ叫んだ。

「ごめんなさいじゃないわ！　大嫌い！」

その抗議の矛先は、翔君にも向けられた。翔君はメイ子さんが信頼もし、好きなスタッフなのだ。心配して近づいてきた翔君に、

「あなたも知っていたんじゃない。なんてひどい、あなたなんか大嫌い！　あっちへ行け！」

私に向けた言葉と全く同じことを言って翔君を叩いた。メイ子さんは翔君のネームカードを指さし、

「ボクは奥さんはいませんって書きなさいよ！」

と、言った。

（あなたのような人に奥さんになる人なんかいない、という意味なのだろう）


メイ子さんが私と翔君に憤りをぶつけたのは、信頼していた人に裏切られたと思ったからだろう。それを考えると切なかった。

メイ子さんの興奮が収まらないので私は翔君に、「ちょっと外に出てきたらいいんじゃないの」と言った。翔君もすぐにそれに同意して、メイ子さんの車椅子を押してダイニングを出て行った。

しばらくして戻ったメイ子さんは、いつものにこやかな落ち着いた表情になっていた。それを知って、律さんは鳥越さんの隣に移って来た。

ご夫婦の様子を見たメイ子さんは、律さんをしきりに褒めていたようだ。


鳥越さんが再びダイニングに姿を見せなくなった。食事が部屋に運ばれているのか、あるいはまた入院したのか、律さんに聞いても要領を得ない。律さん自身、これも個人情報と思っているのかと疑った。私はこの状況に疲れてきた。思い余ってスタッフリーダーに尋ねた。

「これも個人情報だと言うの？」

私の語気も多分きつかったのだろう。

「保証人の了承があれば教えてもらえると思いますよ」

私は、鳥越さんの保証人とは全く面識がなかった。子どものいない鳥越さん夫妻は、姪子さんが保証人になっているという話を聞いたことがあったが、私には躊躇があり、聞かずじまいになっていた。

そして迎えたお正月である。元旦のおせち御膳も気が重かった。律さんには一通りの挨拶をしただけだ。

二日の朝、テーブルに着く前に律さんの所へ行った。様子が変だ。私はとっさに事態を悟った。

「まさか⁉」

律さんは涙ぐんだ目を伏せて頷いた。

「そうだったの……」

私はすぐにダイニングを飛び出した。廊下に出ると、こらえていたものが堰を切った。幸い部屋に戻るまで誰にも会わずにすんだ。

私は「老い」を感じ始めた頃に家族にこう言った。

「今後誰が亡くなっても、一切私の耳には入れないで」と。

「老い」は、その別れに耐えるだけの力を持っていないと知ったからだ。天に叫び、地を叩いて吠えても、もう、いない。それを受け取めるだけの力がないのが、「老い」だと感じていたからだ。

鳥越さんの死があってから、私は人に対してとても消極的になっていた。このホームで繋がりを持ったあの人、この人、ひとりひとりを思い浮かべると、その人たちとの別れを背負うだけの気構えはなくなっていた。


私が律さんの部屋を訪ねたのは、一月も十日を過ぎていた。かなりの日を置いてしまったのは、遺影の前に向き合う勇気がなかったからだ。

私は好きな紫色、アメジストのお念珠を持った手を痛い程強く握っていた。白い布袋に入ったお骨を見上げた時、カラカラと乾いた音を聞いたように思った。合掌した私の空耳にちがいないが、それは人の一生のあっけなさ、空しさの音だと聞いていた。

一カ月も過ぎると辛い、苦しいは、しみじみ悲しい、寂しいに変わっていた。寂しさは苦しみよりも静かだけれど、私の心をヒタヒタと浸し、満ちてくるように思えた。

矢継ぎ早

「矢継ぎ早に」という言葉がある。次々に矢を継いで射る様《さま》からきたことがわかる。これと同じことがホームで起こった。もちろん打ち込まれるのは「矢」ではない。

新たに入居者が入ってきた。見るからにエネルギッシュで、当然声も大きい。年齢は八十代の後半だろうか。

スタッフに案内されてテーブルに着くなり、

「ママは迎えに来てくれるのね。夕方には家に帰れるの？　ここはどこ？」

スタッフは、

「ママ（お嫁さん）は、検査入院でしばらく家にいないんですよ。パパはお仕事で会社。だからしばらくここにいましょうね」

と、答える。するとすぐに同じ質問をする。スタッフも同様に受け答える。スタッフが離れようとすると、それを引き止め同じことを聞く。スタッフは同じ返答をする。

スタッフが、

「ちょっと待ってくださいね。他の方が呼んでいらっしゃるので」

と言って、ようやくその場を離れる。すると近くにいる他のスタッフをつかまえ、同じ質問をくり返しぶつける。毎日、そう毎日、朝昼夕聞かされている私も疲れる。

その入居者を仮にF子さんとしよう。部屋は離れてはいるが同じ二階だ。食事を終えて二階のティールームに入るなり、同じ質問がくり返される。F子さんが部屋にいるのは、夜の就寝中だけ。

数日してホーム側は、薄いビニールシートにはさんだメモ書きを用意した。家族からの伝言なのだろう。

【ママは検査入院、パパは仕事、お母さんのお世話ができないので、しばらくここにいてください。みなさんの言うことをきいて待っていてください】

F子さんはこの伝言をしっかり読めるし、読んでいる時はその内容も理解する。しかし、それを読み終えるやいなや、そこに書かれたことを矢継ぎ早に質問する。テーブルを同じくした入居者の方もその内容をすでに暗記しているので、書いてある通りに答えてあげている。

一週間も過ぎた頃だろうか、F子さんの席が変わった。食事の介助を必要とする人もいるテーブルだ。移動の理由は知らないが、スタッフが常に近くにいるので応対しやすいということなのだろうか。

食事が運ばれるまでの待ち時間に、F子さんの前にドリルのような計算表と、ことば遊びのような用紙が置かれた。これによってその間、少しの間質問から逃れられる。これを見た私は、こうしたツールも必要だなと思った。しかしそれも束の間、F子さんがこれに飽きてしまい、効をなさなくなった。そして食事を待つ間も、矢継ぎ早の質問がくり返される。

ダイニングにはスタッフが数人入り、またシフト制なので、毎日、常にF子さんの対応に当たるということはない。大変なのは主に二階を担当しているスタッフだ。主に二階を担当するスタッフは決まっているようだ。

私は朝六時に目覚まし時計をセットしているが、たいてい五時半前後には目覚めて、そのままベッドの上で手足を動かすなど軽い体操をする。その時にはすでに、離れた方角で人の声が聞こえる。話の内容は聞きとれないが、人の話し声だということは判別できる。もう始まっているのだ。

私は、一カ月もすればF子さんに多少の変化、落ち着きが見られるのではないかと期待していた。期待というより願望といった方がいい。

しかしその願いは見事に裏切られた。一カ月が過ぎても全く変わらない。そう、矢継ぎ早の質問が一日中くり返されている。

私が疲れるのは、一つにはF子さんの対応に当たるスタッフの疲労を目の当たりにするからだ。だから私は、時にはスタッフに代わってF子さんの対応に当たる。私はスタッフではないので内心では（うるさーい！　少し黙れ！）と叫んでいる。

スタッフも人間だから、心の中ではその思いは私と変わらないだろう。しかし介護を仕事とするスタッフは、その思いを抑えて対応し続けなければならない。それを思うと私は一層疲れる。

私はある時、F子さんの矢継ぎ早の質問が何回くり返されるのか数えようと思った。

「認知症の人の介護は大変なんですよ」と私が語ったとする。それを聞いた人は誰しも「それはそうでしょうね、大変でしょうね」と相槌を打つだろう。

しかし私は介護を見て、人に伝えようとする時「大変なんです」「やさしい介護なんです」という表現はしないように心がけてきた。「どんな大変」「どのような、やさしさ」なのか、具体的に見たまま、感じたままを伝えてきた。

三月末の土曜日、矢継ぎ早の質問を数字で捉えてみようと思った。常に持ち歩く小さな手提げ袋の中にメモ用紙とボールペンを入れた。F子さんの質問を聞くたびにカウントし、十回になると〇印を書き込んでいった。これならかなり正確な数を把握できる。

ここで但し書きをしておこう。F子さんに計測器を付けたわけでもなく、その日、私がF子さんに一日中つきまとっていたわけでもない。私は部屋にいることもあり、マシンルームで日課の運動もした。午前、午後の一回ずつはダイニングのテーブルに並べるティッシュセットを置くこともいつも通り実行した。

土曜日の夕食後はニュースを見、引き続いて「ブラタモリ」を見るのでテレビの前に座っている。その時間はF子さんの質問を聞くことはない。

その日カウントした数は百三十七回だった。矢継ぎ早に百三十七回の同じ質問を浴びせかけられ、それにいちいち対応したと聞いたら、その「大変さ」は誰にもかなり正確に伝わるだろう。

祈るような気持ちで送った一カ月余り、しかしF子さんの矢継ぎ早の質問が減ったとはとても思えなかった。だが明らかにある変化が見られた。

誰かと話している時だけは落ち着いていて、しかも明るい。

ある時、あまりのやかましさに私は部屋を飛び出し、ティールームの入口に向かった。例の大きな声でスタッフに同じ質問をくり返している。私は「やかましい！　少し静かにしてよ！」と怒鳴った。するとF子さんは、「やかましい声を出しているのはあなたじゃないの！」と食ってかかってきた。F子さんのその反撃に私は「もっとも」と思い直し、

「ああ、すみませんでしたね、ごめんなさい」と頭を下げた。するとF子さんも表情を和らげ、「すみません、ごめんなさい」と頭を下げ、しかも右手を差し出した。私も右手を出し握手をしたのだ。

しかし、しかし、だからといって矢継ぎ早の質問が収まったわけではない。質問の内容は変わってきている。

「何時に起きて、何時に迎えに来てくれるの？　迎えに来てくれるのね？」

メモには「六時半に起きて、七時に迎えに行きます。それからお食事です」と書かれ、F子さんはこのメモを持ち歩いている。メモを持ち歩いてはいるが、それを読み、納得して落ち着くわけではない。矢継ぎ早にこの質問をくり返し「必ず迎えに来てくれるのね」と念を押す。スタッフがいい加減な返事をすると、さらに声を張り上げ、問い質す。

自分が何者なのか、どうしてここにいるのか不安で、常に他人に答えてもらうことによってしか自分を確認できないのであろうか。私には想像するしかない世界である。

それに何回か、「ヒューッ」とか「キャーッ」という叫び声を聞くことがあった。不安が爆発したのだろうか。ちょうどマグマが蓄積し、噴火口から噴き出すのに似ている。

一人の若い女性スタッフが辞めていった（転勤なのか退職なのかは私は知らない）。その前日、彼女はF子さんの対応に当たっていた。マスクからのぞく顔は上気し、目はショボついていた。明らかに疲弊していた。私は彼女の耳元で「修行、修行」と呟いた。

彼女が辞めていった理由は、正確にはわからない。しかし私は、こういうことの続く介護の職場での離職を危惧していた。特に経験の少ない若い人たちの場合である。

ちょっと待てよ　急がば回れ

こうした混乱した日々の中で、私は何か違っている、間違っているという思いにぶつかっていた。Ｆ子さんの矢継ぎ早の質問に圧倒され、それを止めさせようということばかりに気をとられていたのである。スタッフも同様だ。

認知症という治らない病気を抑え込もう、治そうとして悪戦苦闘してきた自分に気付いたのだ。私は大きく、そして深く息をし、自分を落ち着かせて考えた。

まず思い浮かんだのは、松沢病院齋藤正彦名誉院長の言葉である。

「精神病は治すことはできない。しかし患者が生きていくのを支えることはできる」

そして西君子さんの言葉。

「人（子ども）は人としっかり繋がった時に安心感を持つようだ」

このお二方は、医師そして教育者と分野こそ違え、長年人と真摯に向き合って生きてこられた。人には共通の考え、思いを持っている。それは人をひとりの人間として見ていることだ。

私はF子さんを端《はな》から認知症と決めつけて、人として繋がってはこなかった。そして認知症と取り組んで疲れてきた。まず原点に立ち返って、F子さんを見る、聞くことからやり直そうと思った。

ホーム長が、二階のウッドデッキにあった色とりどりの草花を植えたプランターを、ダイニングから眺められる石垣下に運んでいた。石垣下の寂しかった空地にいっせいに花畑が広がった。

食事を待っているF子さんが、テーブルの下で足踏みをしていた。手持ち無沙汰なのだ。私は声をかけ、草花の植わったプランターを見せた。

「あら、きれいね。あっちにも、こっちにも、ピンクも黄色も赤もあるよ。これだけの花を手入れするのは大変よ」

「そうよ、ホームの人たちがF子さんが喜ぶと思って植えてくださったのよ」

「あら、ありがたい、ありがとう」

そして合掌したのだ。

「ねえ、ママはこんなに良いホームを見つけてF子さんを預けてくれたのよ」

「ママはいい人よ、私、幸せだわ」

そしてなんと次の日、F子さんはメイ子さん、増沢さん、正子さんに花を見るようしきりに勧めているのだ。もっともこの三人、残念ながら外に背を向けていたり、声をかけられても関心を示すことはない。しかしF子さんは明るく笑って、一生懸命勧めていた。

F子さんは人の良い、世話好きな人なのだ。同じテーブルの人のために、ティッシュペーパーを手前に引いて渡してあげたりもする。


五月に入ってスタッフの佐原さんがF子さんを伴ってウッドデッキにいた。サツキが並んでいる手前の土にはすぐに雑草が生える。佐原さんは椅子を置き、F子さんを座らせ、一緒に雑草取りを始めた。なんとF子さんの手際の良さ、速さは見事だ。佐原さんの不器用さが際立って、この二人が並んで草取りをしている様《さま》はなんとも愉快で、楽しい光景だ。

F子さんは、自然の豊かな土地で過ごしてきたのだろうか。草花を楽しんだり、石垣上の竹林を見て、「竹の子も間引きしてあげないとかわいそうよ」と言ったりする。

　F子さんは、ともかく一人でじっとしていることには耐えられない。食休みさえないのだ。一つのアクティビティが終わると、「次は何があるの？」と催促する。

　体操から戻ったF子さんが「お腹がすいたよお」と言う。

「お腹がすくのはいいことよ、健康な証拠だからね」

「そんなことないよ、うるさいだけだよ」

「確かにF子さんはうるさい人よ、でもいい人だわ」

「うれしいな、そんなこと言ってもらえるなんて。ここはいい人たちがいるし、家に帰ったって一人でテレビを見てるだけだものね」

　少しずつだが、ホームの生活に落ち着いてきた様子がうかがえる。しかし矢継ぎ早の質問は変わらない。

「何時に起こしてくれるの？」「ここにいればいいのね？」「迎えに来てくれるのね？」

　ただ、以前のように声を張り上げることはない。トーンは明らかに下がってきているので、聞いていても以前のような疲れを感じることはなくなった。

　しかしここで思わぬ事態が起こった。コロナ感染である。ウイルスは、最初は通勤してくるスタッフが持ち込んだのだろうが、常にスタッフにまとわりついているF子さんが入居者最初の感染者になったのは、当然の成行きだろう。マスクを着けさせられていたが、部屋に閉じ込めておくことはできない。咳もひどくはないがしている。私はそのF子さんといちばん接触しているということで、濃厚接触者になり、部屋から出ないように言われた。その間にF子さんは入院したらしい（らしいと書いたのは、そうしたことは個人情報という規制で知ることはできないからだ）。

こうしてF子さんへのトライは、はからずも中断した。振り出しに戻るのかという思いが私の内にはあった。同時に疲れがどっと押しよせていた。

私がコロナ感染で入院し、退院してきた時には、すでにF子さんの姿があった。私より二日程早く入院したのだから、十日間の入院とするとそれは当然だ。

F子さんがどんな入院生活を送ったかは全く知る由もなかったが、誰一人知る人のいない病院での生活がF子さんにとってものすごいストレスだったことは間違いない。そのストレスで、少し馴染んできたホームでの生活への安心感は根こそぎ崩れただろう。それは私にとっても恐怖に近いものだった。

私自身は初期の発熱以外なんの症状もなく経過していたので、入院中の私は自分のことよりF子さんのことの方が心配だった。入居してきた当初の状態をくり返すのかと考えるだけで、ドッと疲れが押しよせた。

退院してもその翌日は部屋を出ないように言われ、食事も部屋に運ばれた。部屋の中までF子さんの声は聞こえてきた。

「なんで出ちゃいけないのよお？」

「風邪がうつるといけないからですよ」

というスタッフの声が聞こえる。

夜には、

「家に帰りたいよお、イヤだよお」

という声が近くで、遠くで聞こえる。歩き回っているのだ。

私がパジャマに着替えようとした八時半頃のことだ。

「助けて！　助けて！　誰もいないじゃないの！　なんでいじわるするのよお！　ここはどこなの?!」

またしばらくすると、

「バカヤロー!!　イヤだあ、F子、家に帰りたいよおっ！」

そして壁を叩く音……。

予想はしていたものの、やっぱりという思いと同時に、疲れが一気にのしかかった。コロナ感染さえなかったら、少しずつでもF子さんは良い方向に変わってきていたのにという思いが突き上げてきた。

しかしF子さんの様子は、思ったより早く元の状態に戻ったのだ。馴染んできたホームへの安心感は、そのすべてが失われるということではなかったようだ。

ある時は、

「うるさいなあ、F子、黙れ！」

と、自分自身に言ってるのだ。

「F子、ここに泊まるのね、家族も知っているね。F子、年は取っても女だから、見守ってね」

その時のスタッフは若い男性だったので、私は思わず声を上げて笑ってしまった。そして私も負けじと言った。

「私も年はとっても女だから、見守ってね」


ティールームでは、増沢さんがF子さんの話し相手になっていた。

「家に帰ったって、食事をしないわけにはいかないでしょ。ママが入院しているんだから、ここにいれば安心よ」

増沢さんの言葉は、決して説得するような口調ではない。自分自身に語りかけているようにF子さんに話しているので、F子さんもこれには素直に頷いているのが見てとれる。


夕方のダイニング、エプロンたたみがある。この日は江木さんとF子さんが手伝った。

私が「ありがとうございました」とお礼を言うとすかさず、「Fちゃんもやったよ」と自己PRしたのはおかしかった。

「F子さんはもうエプロンたたみのベテランですもの、ありがとうございました」

「どういたしまして、人のためにすることはいいことだよ」

「ほんとにそうね、だからF子さんはいい人だわ」


五月八日、母の日。この日はホームがひとりひとりの入居者に小さな生花の束をプレゼントした。それには、その入居者の生活担当者のスタッフが書いたメッセージカードが添えられていた。

F子さんはそれを読んで私に聞いた。

「ねぇ、ねぇ、佐原さんてどの人？」

「教えてあげるわ。今、こっちに来てもらうからちょっと待ってて」

そう言って、佐原さんを呼んだ。

F子さんは、

「あなたが佐原さん？　うれしいわ、ありがとう、ありがとう」

と、両手を出して握手を求めたのだ。私はこうしてF子さんが一歩ホームに、スタッフに繋がっていくのを見てうれしかった。

その日、東京も真夏日になるという予報を聞いていたので、私は夏物の半袖のTシャツを着た。胸元にはワンちゃんの絵柄がついている。

F子さんが声をかけてきた。

「あら、あなた、可愛いTシャツを着てるわね。ワンちゃんが、一匹、二匹……七匹もいるよ」

「可愛いのはワンちゃんだけじゃないでしょ。着ているこの私も可愛いでしょ？」

とたん、F子さんは両手で顔をおおい、笑いをこらえるふうにフッフッと笑ったのだ。

「お世辞でもいいから、可愛いと言ってよ」

「あなたもバアさんだもの、でもこれまで生きてきたんだから幸せだよ」

これを聞いていた保利さん、

「まるで漫才みたい」

それで私は言った。

「漫才が聞けるんだから、ちょくちょく出ていらっしゃいよ」

保利さんはこのところ、部屋に閉じこもっていることが多くなっていたのだ。

その日もメイ子さんは朝日新聞を持参してきて、テーブルの上にそれを広げて読んでい

た。F子さんがそれをのぞき込むようにして、

「あら、エリザベス女王が国を見守り七十年ですって。それじゃあ、八十歳を過ぎているわね」

と言うのを聞いて、私はF子さんに言った。

「エリザベス女王は九十六歳なのよ」

「九十六歳?!　すごいわね！」

F子さんが感嘆の声を上げたので、

「F子さん、このホームには百五歳のおばあちゃまがいるのよ」

「へぇーっ、百五歳！　どの人？　どの人？」

それで私は、F子さんを小和田さんの見える位置にまで連れていった。

「あの方よ、真っ白な長い髪を束ねている人」

「すごい！　F子、握手したいな」

「それじゃあ、小和田さんに聞いてあげるからね」

そう言って小和田さんにその旨を伝えると、うれしそうに頷いてくれた。

F子さんは手を出し、小和田さんと握手した。

「いつまでも元気でいらしてくださいね」

F子さんはこう言って、握手してもらった手を大事に胸に抱くようにした。よほどうれ

しかったのだろう。

F子さんの「今日もここに泊まるの？　家族は知ってるの？　寝間着はあるの？」という問いは今も続いている。しかし、F子さんの心がホームに馴染んできているのは確かだ。F子さんは、ティールームで話し相手になってくれる増沢さんを、「頼りになる人だよ」とまで言うようになってきているのだ。

ある時は、なんと増沢さんと三十分も話をしていた。

ダイニングでは離れたテーブルの平野さんに両手を上げ、キラキラをして親しみを交わしている。

F子さんに限らず「家に帰りたい」と思うのは当然のことで、私はそれを打ち消そうとは思っていない。大事なことは、F子さんがこの終の棲、ホームで友達をつくり、繋がりを深めていくことなのだ。

最近ではティールームの椅子に座り、両足を投げ出して眠っていることもある。こんな無防備な姿勢は、以前には見られなかった。その姿はまるで大きな子どもそのものだ。

もう夜も八時半を過ぎている。F子さんの声がした。

「もう誰もいないじゃない、F子寝るよ、おやすみなさい」「おやすみなさい」

一分もしない内に、またF子さんの声。

「F子、もう寝るね、おやすみなさい」「おやすみなさい」

また、F子さんの声。

「F子、もう寝るね、おやすみなさい」「おやすみなさい、のどを大事にしてね」「ありがとう、F子寝るね、おやすみ」

このくり返される「おやすみ」も張り上げる声ではないので、部屋で聞いている私も不快ではない。

そして、ようやくF子さんの一日は終わった。


松沢病院の齋藤正彦名誉院長、教育者の西君子さん、そしてもうお一方、『認知症はよくなりますョ　患者と家族のこころを支える治療とケア』（本の泉社）の著者・稲葉泉先生のお言葉が私を導いてくださったことに感謝している。

認知症では素人の私たちがその場その場のケアに走らず、人を人として向き合っていく「急がば回れ」である。

私はこのホームで多くの友達を持ったが、私は必ずその人の肩か背に手を置き、あるいは握手をする。同じ目線になってきちんと目を見る。こうした仕草は、親密感とやさしさといった感情、信頼感を培ってきた。

綾野さんが外泊届を出し、しばらく自宅に帰っていた。それで私の前は空席になった。ある日、スタッフのアンナさんがメイ子さんの車椅子を押して来た。私もメイ子さんも喜んだ。アンナさんの配慮のおかげで、私たちは食事の前後に楽しい会話の時間を持てた。次の日もメイ子さんはやって来た。といっても、スタッフがメイ子さんを連れて来てくれたのだ。

食事の途中でメイ子さんはウトウト眠ってしまった。メイ子さんは最近「眠いのよ」としきりに言う。なんといっても私の一回り上の九十三歳だ。私はメイ子さんをそのままにしておいた。

目覚めた時、メイ子さんは私が目の前にいるのを見て、「あなたがいらしてくれたのね。安心だわ。うれしい」と言った。それは赤ちゃんが、眠りから覚めて母親を見上げた時の表情に似ていた。私もほっこりした。

メイ子さんの認知症の症状は、この一年の間にかなり進んでいた。話はころころと変わり、全く脈絡がない。相変わらず私の名前も覚えず、ここが老人ホームであるという認識もない。それでも入居当初のような、ゴリ押しでスタッフを困らせることはない。

「あなたにお会いできてうれしいわ、今日、これからあなたのお家にうかがっていいかしら？」

は、メイ子さんの日常の挨拶だ。

それでもメイ子さんは、いい表情をしてすっかり落ち着き、ホームの生活に馴染んでいる。それはとりもなおさず私との会話、繋がり、スタッフたちの人に寄り添う介護の賜物だということを知った。認知症は治ることはなくても、こうして落ち着き、良くなるということを、私はこのホームの生活で学んだ。

安倍元首相が銃弾に倒れた。そのニュースを見ていたF子さんが言った。

「犯人は捕まっても、安倍さんは帰ってこないのだから、かわいそうだよ」

事件の経緯や犯人像の背後にばかり関心を持って見ていた私は、F子さんのこの言葉に頭が下がった。

四月は別れと出会いの季節

三月もあと数日となった日、ホーム長が同年輩とみられる男性を伴って部屋に入って来た。私はとっさにその訪問の意味を悟った。ホーム長の交代だ。私の落胆した顔に気が付いたのだろう。「ワタシもサラリーマンなので」と、ちょっと申し訳なさそうにつけ加えた。

次の日、私はホーム長に、集団生活が大の苦手だった私を「社会性をもった大きな家族」に迎え入れてくれ、頑なな心を解きほぐしてくれた感謝の思いを込めて、最後の恋文を事務室に届けた。その寂しさは、恋人と別れる思いにも通じるものだった。船頭を失った小舟が、波に漂うのに似ている。

こうして別れの四月は始まった。

そして同じ四月、新しいホーム長のもと、二人の若いスタッフが入社した。私の下の孫より、一歳若い。男性、女性のこの新人二人に私たち入居者は、去年やはり新卒で入社した裕太郎君を迎えた時と同じ一抹の不安――この介護の仕事を続けていけるのかという思いをもって迎えていた。もちろん初々しく、若いっていいなあという感慨はあった。

それで私は、この新しい二人に感謝のエールメッセージを書いた。

しかしその時、わずか一年を経た裕太郎君が、私たちの抱いた不安を見事吹き飛ばして、たくましく安心感のあるスタッフに成長したことを思い合わせてもいたのだ。


お二人がこのホームに新人スタッフとして来てくれて、とてもうれしく思っています。私だけでなく、私の友達もみんな喜んでいます。

私には二人の孫がいますが、下の孫はコロナ禍もあって去年就活を諦め、大学院に進みました。ですからお二人は、私の孫のようです。

私は二年半程前このホームに入居しました。家族の介護ではなく、老人ホームを選んだ私ですが、このホームに入って初めて介護の大変さを知り、年寄りに寄り添って介護してくれるスタッフたちに感謝の思いを日々深くしました。

私は人に干渉するのも好まず、干渉されるのも苦手でした。そんな私が今ではこのホーム一番の多くの友達を持ち、スタッフとも親しくなったのは、なんといっても一生懸命介護に当たるスタッフたちの言動のおかげです。

それに前ホーム長の、「社会性をもった大きな家族」というホームを運営していくこの考えは私にはわかりやすく、頑なだった私の心を解きほぐしてくれました。

それで私はこうしたこのホームの日々の有様を、入居者の家族、そして老人ホームを考えている人たちに知ってほしいと思い、本を書きました。というのは入居してくる本人も、老親をホームに入居させようとする家族も、ホームをイメージできないままその日を迎えているからです。

一作目は『終の棲　ホームの日々』、二作目は『終の棲Ⅱ　老いと共に歩む』、そして今三作目『終の棲Ⅲ　社会性をもった大きな家族』を書き進めています。ⅡとⅢはお二人の先輩スタッフたちの言葉からつけたタイトルです。

老いは病と重なり、しかも死に繋がっています。介護する人たちにとっても、とても重い大変な仕事だと思います。しかも、多くの認知症の人々とも向き合わねばなりません。マンネリになったり、気持ちが萎えることもあるでしょう。しかしそうした時も、入居者である私たちの感謝が常にあることを思い出してください。

機会があったら、お二人が介護の仕事を選んだ理由、動機などを聞かせてください。楽しみにしています。

新ホーム長と共に、より良いホームを目指していきましょうね。

このメッセージは、新ホーム長と私と心を通わす先輩スタッフたちにも手渡した。

先輩スタッフたちからは、次のような感想をいただいた。

「初めは緊張と不安の中にいるので、とてもうれしかったと思う」

「仕事にはモチベーションを維持していくことが大事だから、とてもよかったわ」

新人二人は私に、このメッセージのお礼を言う際両手を上げて、「やったぁ！」の仕草をした。リアクションは、若い人の特権ともいえる微笑ましいものだ。


両手を上げる仕草に、私は思い出す場面があった。ちょうど一年程前、政府が医療従事者、保育士、介護士などの報酬のアップを発表した時だ。私がそのニュースを逸早く新卒スタッフの裕太郎君に知らせた時、彼は「やったぁー」の声と共に両手を上げたのだ。「若いっていいなあ」と素直に感動した。ベテランスタッフはうれしいニュースに接しても、うれしさいっぱいということはあっても、このようなリアクションはしない。

こうして別れと出会いの四月は、早半ばが過ぎていった。


真人君は大学でフランス語を学び、中国語、英語も話せると聞いた。しかも在学中から茶道を嗜《たしな》んだという。もう一人の梨沙ちゃんは、国文科の出だという。二人共、介護とは全く無縁の大学生活を送ってきているのだ。

それがなぜ介護を仕事に選んだのか。私の偏見があるかもしれないが、介護に関しては決してポジティブには語られていないように思う。なのになぜ介護を仕事に選んだのか、いや介護を仕事に選んでくれたのかというのが、私の正直な気持ちなのだ。

そこで私は、二人にメッセージを書き、介護を仕事に選んだ経緯を文章ではなく、箇条書きでいいので知らせてほしいと伝えた。

私がわざわざメッセージにしたのは、スタッフはともかく忙しく、私のためにその時間を取ることができないからだ。立ち話ができたとしても、ほんの一、二分がせいぜいだ。このことは、今迄のホームの生活で十分知っていたからである。だから決して、無理して急ぐようなことはしないでほしいと付け加えていた。

スタッフと話らしい話ができるのは、私の場合、お風呂の見守りをしてもらう時だけだ。しかしこれは、いつ幸運の当たりクジを引き当てるか全くわからない。私としては、秘かに胸の内で願いながらただ待つだけなのだ。

国文科出身の梨沙ちゃんへ

大学の国文科ではどんなことを学ぶのか、私は全く知らない。なんとなく（なんていい加減な！）日本の伝統文化、言語などが浮かんだ。そして私自身、日本のそれらが好きだということが頭をもたげた。

なんといっても、第一に「いろは歌」だ。

いろはにほへと　ちりぬるを
わかよたれそ　つねならむ
うゐのおくやま　けふこえて
あさきゆめみし　ゑひもせず

色は匂へど　散りぬるを
わが世誰そ　常ならむ
有為の奥山　今日越えて

浅き夢見し　酔ひもせず

すべての文字を重ねることなく用い、しかも七五調の歌になっている。それも無常観というテーマが貫かれているのだ。空海の作と言われているが、この「いろは歌」を詠うたびに、日本、日本語について誇りにさえ思う私である。

それを彼女に書き送った。喜んだ彼女は、館内ですれ違う時、礼を言ってくれた。

桜の季節は少し過ぎていたが、別の機会に桜についても書いた。

花見、花冷え、花曇り、花吹雪、花明り、花筏、葉桜、そして「サクラ　サイタ」（若者のリアクションで表現すれば、やったぁー！）だ。

一月から十二月までの一年を数字で書き綴っても、それは記号に過ぎない。それ以上でもそれ以下でもない。

しかし、睦月、如月、弥生、卯月、皐月、水無月、文月、葉月、長月、神無月、霜月、師走――と書くと、その季節感、その時の生活習慣、伝統文化などが、まるで動画を見るように浮かぶのが楽しい。

特に神無月は、神々が出雲大社に集合なさるので、その月は神さまがお留守になるという意味だ。神さまは出雲で何を談合なさるのだろう。そして留守になった神社を心配なさることもあるのだろうか——こんなあらぬことを妄想するのも、非日常的で楽しいと思いませんか。

昔は、その都度現金で支払うというより、掛け売りが行われていたと聞いたことがある。それで大晦日を迎える十二月には夜逃げもあっただろう。取り逃しては一大事と、師も走り回って集金に追われる様を想像すると、思わず吹き出してしまうのは私一人だろうか。

新聞記事で、『源氏物語』が世界最古の小説だということを知って、私の日本びいきは俄然テンションを上げた。

それで早速、彼女にメッセージを送った。すると彼女は廊下ですれ違い様《ざま》に、

「ほんとうは『竹取物語』がいちばん古いんですけど、作者不詳ということで記録としては登録されていないんです」

と、早口に応えてくれると、足早に去っていった。ほんとにスタッフは忙しい。

これも新聞で見て面白かったので、お話ししましょう。

饂飩《うどん》＝いかにも湯気が立っていそうで猛暑の今は見たくもないです。

冷麦　素麺＝涼し気で猛暑日の今日でも食べるもよし、文字を見るもよし、文字で涼しくなるというのも楽しいです。

アルファベットでは、こんなことはないのでしょうね。

漢字の中国では、どうなのかしら？

これも新聞からです。

泪《なみだ》より少し冷たきヒヤシンス

夏井いつき

私は句はやりませんが、句は好きです。一日中マスク着用の梨沙ちゃんたち、スタッフのみなさんに、その隙間を通り抜ける涼風を楽しんでもらいたいです。

梨沙ちゃんが国文科出身ということから出発したこうした観察は、どこが国文科？　と思われそうですが、たとえトンチンカンな結びつき、こじつけであっても、今迄の私のホーム生活の中でもけっこう楽しいものです。

まさか終の棲で、ひとつひとつ知識が増えていく楽しみを発見するとは思ってもみなかったし、しかもそのきっかけは孫娘のような梨沙ちゃんとの出会いだったとは、終の棲もまだまだ新しい発見があるかもしれないと期待をしている私です。

　こうした若いスタッフとのやりとりは、このホームのちょっとした息抜きにもなり、もちろん彼女にとっても、介護に追われる日々の中で学生時代を思い出して楽しんでくれていると願っています。

真人君からの手紙

若いスタッフたちは、親元を離れて一人暮らしをしている人が多いようだ。そして、新聞を取っているという人もいない。テレビやスマホで手軽に情報を得ているのだろう。しかし新聞は、他のメディアでは得られない情報の宝庫だということも伝えたかった。

真人君からの返事を受け取った。彼の心情がそのまま伝わるように、私は彼が書き綴ってくれたままをここに記載する。

私が介護士を志したきっかけについて、なるべく簡潔にお伝えしたいと思い、お手紙にしました。

一言で申しますと、「悔しい思いをたくさんしてきたから」なのです。

まずは私の祖母です。私が高校生のとき、七十三歳で亡くなりました。死因はがんで、みるみるうちに衰弱していったので、満足いく看取りもできませんでした。このことが今でも心残りです。

そして茶道の先生です。大学から茶道を始めましたが、途中で何度か先生の代替りを経験しました。尊敬する素晴らしい先生方が足を痛めたり、認知症が進んだりしたためにお茶が続けられなくなるのを、私自身も悔しく思っていました。

大学の茶道部を引退してから、近所の茶道教室に縁があって通うことになりました。大学とはまた別の先生になります。現在の先生はまだ足腰もしっかりしていらっしゃり、現役でお茶を続けています。ですが、先生の宗匠、先生の先生にあたるお方は、パーキンソン病を患い、昨年逝去しました。晩年はご病気もあり、茶道は難しかったそうですが、何かあるたびに宗匠のことを語る先生を見ると、切ない気持ちになります。

こうした出来事があり、老いや死というものが身近にありました。そして今後も、避けられない問題であることに変わりありません。そんな時、どう対処するべきなのかということを、介護の仕事を通じて、入居者の皆様との関わりを通じて、勉強させて頂けたらと考えております。

まとまりのない文章になってしまいましたが、これが私の介護士になろうと思った一連の経緯です。また何かご不明な点がございましたらいつでもお知らせください。

森　真人

高校や大学時代に、これらの「悔しい思い」をたくさんしてきたという一文は、その後私の心の奥底に静かに沈んで残っていった。以前、スタッフの佐原さんが、就職実習の老人ホーム見学時に、その現場を「カッコイイ」と言ったということを聞いた時と同じ感動だったと言ってもいい。

真人君は「悔しい思い」を重ねていく中で、避けることのできない「老い」や「死」を身近に感じたという。私自身、こうした感性、人間性を持つ人が好きだということは否めない。

孫と同居したことのない私は、年齢が六十歳も離れた孫の心の内を聞いたことはなかったし、残念ながらこれからもないだろう。

私はこの終の棲で、「擬似おばあちゃんと孫」を体験しているのかもしれない。

しかしこの体験は、介護を一方的に受けるしかないと思っていた私に、思わぬ変化をもたらした。この二人との繋がりは、二人を巻き込んで「終の棲」の生活を一回り広げてくれた。介護というものを一回り大きくしたと言っていい。それはとりもなおさず、心の豊かさ、楽しみまでも広げてくれたのだ。

今日も、リクライニングの車椅子に寝た入居者の食事介助をしている真人君の背に、彼がおばあちゃんにしてあげられなかった介助介護をしている姿を見ている私だ。

初めての茶道倶楽部

六月、初めての「茶道倶楽部」の日が近づくにつれ、私の不安は徐々に大きくなっていた。真人君発案のアクティビティ、デビューだからだ。この会を、実行までどう運んでいくのか、そのための準備はどうなっているのか、情報は全くない。真人君に尋ねてみたが、はっきりしない。しかしそれは当然のことだった。五月の中旬にはすでに、ホームはコロナ感染で大変な事態に陥っていたからだ。

私自身の入院も十日間に及び、その間ただ一人弘田さんとは連絡を取っていたが、コロナ感染の情報は全く聞けなかった。スタッフと入居者のおおその人数も、ましてや個人名も。この時程個人情報の壁の厚さに遮られているというか、守られていると言うべきか、想像を越えるものがあった。知ることができないだけに不安は恐怖に近いものになり、私の中で広がっていった。

私は基礎疾患を持つ身でありながら、最初の発熱以外はほとんど無症状で経過し後遺症もなく、退院後はF子さんの対応に追われるという中で、「茶道倶楽部」はただ待つしかなかった。

私が心配したのは、なんといっても四月に新卒でホームに入ってきた真人君が、自ら提案したであろう初めての「茶道倶楽部」だ。これに失敗したら打撃は大きいだろうし、私には悲しいし、辛い。それは彼の今後の介護の仕事にも影響しかねない。

入居者たちもこのアクティビティを楽しめなかったら、今後参加することもなくなってしまうだろう。これで没になるのか、それだけは防ぎたかった。それで私はひとり動きはじめた。

最初、参加できそうな人をリストアップ。ほぼ十名余りにのぼった。

その際私は必ず、「入居者の私たちに茶道を通して楽しんでほしい」という真人君の思いを伝えた。同時に、入居者がなぜ参加の意思を表してくれたのかも聞いた。なんと、ほとんどの人がかつて茶道をやっていたのだ。これはやはり我々の世代、時代を反映しているのだろう。

安保闘争の最中《さなか》、そして卒業後も、その後遺症を引きずってきた私は「茶道」は全く縁がなく、私の周辺では耳にした覚えさえない。まだ「花嫁修行」という言葉が生きていた時代ではあったが、反感とまでは言わずとも、馴染まないものではあった。だから茶道華道はもちろん、料理教室に通うということも考えてもみなかった。

真人君を縁にホームでの「茶道倶楽部」に関わった私は、自分はこのホームの中では異色の存在だと知ったのも事実だ。これは私が初めて気付かされたことで、入居以来の三年余りを考えると不思議な感さえある。これは多分、前ホーム長が教えてくれた「社会性をもった大きな家族」の「お母さんしてる」自分が、このホームでの私の生活そのものになっていたためだろう。

参加を表してくれた入居者の中には、こんな返事をくれた人もいた。平岩さんだ。

「私の学校では、華道と茶道のどちらかを選ぶんです。それで私は華道を選んだの。でも茶道にも関心はあったんですよ。ただね、私の親がなんといっても年でしょ。だから具合が悪いと言ってきたら出かけなくちゃならないので、その時は失礼しますね」

(平岩さんの年からして、その親が生きているとはとても考えられない。しかしこうしたことは二人の他の入居者からも聞いたことがあるので、私は驚きもしなかった)

「もちろん親のことは、誰にも大事なことですもの。だからその時は欠席しても一向にかまわないのよ」

私はそんな返事をした。

作田さんは、

「何がなんだかわからないけど、あんたが声をかけてくれたんだから喜んで行くよ」

（こんな参加もアリだ）

中でも唯一の男性、平山さん。現役時代に会社の茶道倶楽部でお茶を楽しんだという。その時「真人君て、どの人ですか？」と聞いたので、私はすぐ真人君を呼んだ。真人君を紹介すると平山さんは、「ああ、よろしく」と言って手を差し出した。かつて嗜《たしな》んだ茶道だから参加するというだけではなく、それを提案してくれた真人君に親しみを持ってくれたのが私にはうれしかった。家族の繋がりが深まったのだから。

その日、私は準備のために早めに会場のダイニングに入った。ここで知ったのが松野さんの存在だった。

松野さんは非常勤スタッフで、通常のスタッフとは違う持ち場も受け持っている。仕事が丁寧で、細かいところまで気を配ってくれる。

彼女は朝出勤して「茶道倶楽部」の助手を務めることを知ったという。その彼女はなんと茶道をしていたというのだ。しかも、家が近くなので昼食は自宅で取って、折返しホームに入る（このことは私も知っていた）。昼に家に戻った時、茶器、袱紗《ふくさ》、茶筅《ちゃせん》などを持ってきてくれたという。

茶道とは全く無縁できた私には、この裏方の準備は思いもつかなかった。真人君が用意するものだけでは不足もあるかもしれないという、日頃の細やかなやさしい機転だ。こうして厨房内の裏仕事、準備はすべて彼女が手際よく進めてくれた。

私は参加者の全員の情報をすべてメモして渡してあったので、入社わずか三カ月足らずの真人君でも、参加者全員の情報を知ってこの場に臨んだのは心強かったと思う。

私としては、現場での入居者の様子を見ながらフォローしていけばよかった。

茶道といっても老人ホーム内で行うので、椅子か車椅子のままテーブルを囲む形になった。真人君は黒地の着物を着ていた。この着物姿は、茶道倶楽部の雰囲気をグンと引き締めてくれる効果があった。しかし草履は荷物の都合上持ってこれなかったそうで、いつものスニーカーだ。しかしこれがむしろ、みんなのやさしい笑顔を誘った。

入居者たちは茶道にまつわる各自の現役時代の思い出話から、目の前に置かれたお菓子、抹茶の味わい、お茶の色の感想などを語らい、誰の表情も和み、生き生きとしていた。

成功だ！　私は心の内で叫んでいた。そして真人君にエールを送り、初めての「茶道倶楽部」は、みんなの感謝の拍手で幕を下ろした。

「茶道教室」そして「茶道倶楽部」

七月のスケジュールカレンダーを見て、私は「えっ！」と思った。

「茶道教室」好評につき今月もやります！　奮ってご参加ください。

と印刷されていたのだ。近年カルチャーセンターと称して、多くの教室が催されているのは私も知っていた。それで「教室」としたのだろう。しかも「好評につき」「奮ってご参加ください」とある。

なぜ、何が「好評だったのか」ろくすっぽ把握もせず、「奮ってご参加ください」と印刷すれば、それで参加する人たちか。平均年齢八十八・五歳の入居者たちである。スケジュールカレンダーを見て、自分の意思で行動する人たちはごく少数だ。

参加の意を表してくれた人たちも、これから茶道を学ぼう、教室に通おうと思っているわけではない。かつて現役時代に茶道をしてきたその思い出が甦って、懐かしい楽しい会話をしたのだ。自分の言葉で自分を語るというのは、とても楽しいことなのだ。しかも、自分たちの孫の年齢の青年の思いで実現した茶道倶楽部がうれしかったのだ。

ともかく、六月に続いて七月もこの会が催されたことには感謝した。

この二回目の会に、私が慎重に声をかけた人がいた。村山さんだ。彼女はアクティビティに参加したことがない（私の入居三年にしてである）。他の入居者と会話をしているのも見たことがない。私はこの二年をかけて、彼女には親しみをもって私の方から近づいていったのである。会うたびに挨拶をする、金魚の水槽が設置された時には「金魚をご覧になりましたか、とても可愛いですよ」と声かけだけはしてきた。

彼女の席からは、手を上げてスタッフを呼んでも、スタッフのいる辺りからは死角にあるため、私が代わってスタッフを呼んであげることも何度かあった。お茶をこぼした時はスタッフを呼ぶより早く駆けつけ、私の膝かけ用のハンカチで拭いたこともあった。リハビリを担当している菊池さんが、「村山さんが北沢さんにやさしくしていただいていると言ってたわ」という彼女の声を聞くまでに、村山さんと私の距離は縮まっていた。こうした経緯を経ての「茶道倶楽部」への声かけだった。しかし（それでもという危惧は私にはあった）、村山さんは快く参加を約束してくれた。この時彼女が茶道をしていたことを知った。このことも大きな収穫だった。

会の当日、私はひとりひとりの様子を見ながらも、なるべく村山さんに話しかけるようにした。

この村山さんの参加を、心あるスタッフはとても喜んだ。「あの村山さんが……」という思いは、そのスタッフの心に懸念としてあったものだからだ。

その日真人君は、グレーがかった利休鼠の浴衣を着た。しかしその裾からはいつもの白いスニーカーがのぞいていた。これが、まさに老人ホームの茶道なのだ。


私はホームの生活で、常にスタッフと世代のギャップを感じてきた。私たちは戦中、戦後の物のない時代を生きてきた。カタカナは敵国語と言われて育った世代だ（今では敵国語自体が死語ではないだろうか？）。それを考えたら、「茶道倶楽部」が「茶道クラブ」になっていたことに私が愕然としたことは納得してもらえるはずだ。音は全く同じだが、私たち入居者が生きてきた長い時代には、カタカナが氾濫してはいなかった。しかし名称はともかく改善していかなければならない点も見えたが、この三回目の「茶道倶楽部」も皆が楽しんだ。これは何よりのことだ。

ホームでは多くのアクティビティの場合、自主的に参加する人は少ない。だからスタッフは声かけをして回る。それまでの様子から楽しんできた人を優先して、スタッフと共にやってくる。しかし連れてこられる人たちも少なくない。一人で部屋に閉じこもっていたり、車椅子で眠っているよりは多少でも変化や刺激があるだろうから、こうしたことは必要なことだ。違った雰囲気は、眠っているように見える人たちにも感じてもらえると思っている。

「茶道倶楽部」には、他では見られない特長がある。それは会を提案した真人君の「茶道を通して入居者に楽しんでもらいたい」という気持ちが、参加者全員に伝わったことだ。しかも私は、真人君が介護を仕事とした経緯（そういうことに関心を持つ人に限られるが）も、機会があるたびに伝えてきた（聞いたそばから忘れられても、その感謝の思いは少しずつでも心の内に積もっていくことを私は見てきた）。

介護されることに多少なりとも負担を覚えているのは入居者に共通したことなので、人に寄り添う介護に思いを持っているスタッフには信頼と安心を持ってきている。スタッフと入居者の間にはこうした信頼が築かれていく——これはすごいことだと思った。

他の入居者と話すことも、どんなアクティビティに参加したこともなかった村山さんが、三回目の「茶道倶楽部」参加後、「真人君を応援していくわ」と言ったのだ。さらに「自分をも応援しなければね」とも言った。私は内心、「やったぁー！」と叫んでいた。若いスタッフのうれしい時のリアクションだ。私はすぐに親しいスタッフにこのことを伝えた。伝えずにはいられなかったのだ。

スタッフは、「うれしい！　これが介護の極みね」と言い、もう一人のスタッフは、「あの村山さんが心を開いてくれたなんて、うれしいわね」と喜んだ。

私はこのことから、アクティビティもスタッフと入居者が共に育てていくものであることを学んだ。

介護する人、介護という作業をこなす人

こうして人と人との繋がりで育てていくのだから、これで〝一丁上がり〟ということはない（この「一丁上がり」は、ご主人が精神科医だったという弘田さんから聞いて、私も強く共感した）。

ましてや平均年齢八十八・五歳の人たちの間で育ってきた「会」は、次の実施までには忘れ去られていることは常だし、体調を崩して欠席したり、あるいは最後ということだってある。しかし、これは老人ホームに限らない。すべての社会に通じることだと思う。三歩進んで二歩下がる――確かこんな歌がありましたね。

今朝もベッドから立ち上がり、トイレに行く。その時「いつまで一人で用をたせるのかな?」と思う。こうした思いは無意識の内に常に内に潜んでいて、何かにつけ頭をもたげる。「人はこれ程までに、人の手を借りなければ生きていけないのか」を見てきているからだ。それで入居者の私は、スタッフにどこか負い目を感じている。

私が、「人に寄り添う、介護に熱い思いを持っているスタッフ」にばかり期待し、好意

を持つのは、そのやさしさに甘えて負い目を少しでも軽くしたいと願っている自分が見え隠れしているからだ。

「介護する人」と「介護という作業をこなす人」と、スタッフを分類している私が傲慢だと言われるのは覚悟の上である。「介護の研修マニュアル」なるものを読んだこともない私だ。介護を研究する分野の専門家が智恵を出し、多くの資料やデータを元にして作成されたのだろうとは私も当然考えている。


新聞の記事で読んだと思うのだが、厚生労働大臣だった塩崎恭久さんが、政界引退後、里親として施設から二人の子どもを引きとって育てていることが載っていた。現職大臣の時、子どもは施設で成長するよりも家庭で育った方が望ましいとして里親を支援すべく政策を打ち出したのだろう。しかしその政策にのっとって子どもを育てる側の立場になった時、様々な疑問や問題にぶち当たったというのだ。

企画、立案する段階で検討を重ねたとしても、それを受けていく末端での問題、悩みまではわからないこともあるのだろう。

介護でも同じことが言えるのではないか。それで私は介護を受ける側の人間の言い分を書くので許してほしい。

私自身は現在自立組に分類され、実際の介助介護は必要としていない。それでもホーム内では就寝中の五回の見守り、入浴時の見守りはある。しかし、老いの衰えは明らかに自覚している。歩行器も車椅子も使用していないけれど、自分では「歩く」とは思っていないのだ。歩くとは急ぐ時には階段を駆け上がり、小走りする。雨後の水溜りはヒョイと飛び越す、そうしたことのできない自分は、「歩いている」とは思っていない。

私の部屋の前にはウッドデッキをはさんでかなり広い竹林がある。今朝は風が強かった。竹はゆさゆさ揺れていた。その中の古い竹は、色褪せて白っぽく艶がない。若い竹はきれいな緑色をしていて、風が吹くと風をやり過ごしているかのように、しなやかに大きくしなっている。年を経た古い竹はまっすぐのまま、しなることなく右に左に傾いている。その内に根元からバサッと倒れるだろうと思われた。人も同じだ。風をやり過ごす柔軟性を失っている。私はこの光景を見ながら、「人も同じ」と妙に感心したことである。

「介護という作業をこなす人」は、一般社会ではむしろ評価され、歓迎されることがあるだろう。作業がテキパキと進み、何より効率がいい。しかし、この時高齢者はとり残されていることに気付いているだろうか。声かけをされ、それに答えるのにも一呼吸、あるいは二呼吸以上の間《ま》が必要だ。立つにも座るにも柔軟性のないその体は緩慢で、よっこらしょと全力をふり絞っているのだ。どこかに歪みが出ているので、「痛い！」という声を聞くこともある。背後をサッサと歩かれると風を感じ、急《せ》かされているように思う。こうした老いは、介護のマニュアルを作成した側の人間が、こんな細かなところまで気付いているとは思えない。私自身も、この身が老いて初めて知ったことである。これが立案する側とそれを受ける側の違いだと思う。

ショートステイで入ってきたTさんが言った。

「技術は大切だけれど、年を取るとやさしさが欲しいのよね」

介護とは、なんと効率の悪い作業なのだろう。

かつて私は、「介護する人」と「介護という作業をこなす人」との違いに苛立つことが多かった。しかし今は変わってきている。この中で「介護」も「老人ホーム」も成立しているのだから。

自分自身を見ても、この人間社会を見ても、完璧なんてことはない。聖人ではないのだから当然だ。ましてや老人ホームにおいてをやだ。八十余年のこだわりを持ち、八十余年の人生の凝縮を持って入ってきている人たちだ。こんな集団は他に例を見ない。その人たちを介護するのだから、私は大変で難しいことだと常に思っている。この世界が完璧だったら、むしろ息が詰まってしまうかもしれない。「不完全でいい」ということなのだ。

私はこの時、祖母が私の卒論を読んで言ったことを思い出した。担当の教授は私の卒論に九十八という最高点をくれた。しかし同じ私の卒論に祖母は「未《いま》だし、未だし」と評価した。私は教授の採点よりも祖母の評価を信頼した。

スタッフも人間、そのスタッフが介護しなければならない入居者も人間、しかも認知能力、心身が衰えていく人たちだ。これを一つの有機体と考えるのなら、最高点を取ったとしても次の瞬間には低下し、常に不安定な波に漂っているようなものだ。

昔、私の知っている方がこんなことをおっしゃった。

「人生はぼろ雑布を繕い、繕いしていくようなもの」

九人の子どものいる家庭

以前、テレビで九人の子どもを育てている家庭のドキュメンタリーを見た。私など仕事を持っていたとはいえ、たった一人の息子を育てるのに右往左往した覚えがあったので、正直、「考えられない！」というのが本音だった。

九人の子どもは、上は高校生、下は幼児だった。

上のお姉ちゃんは下の子をあやし、面倒を見ている。中のお姉ちゃんは下の子と遊び、はしゃいでいる。その間、上のお兄ちゃんが「ボクがトイレだと言ってるよ」と教えると、上のお姉ちゃんがボクを抱えてトイレに走る。中のお兄ちゃんは、洗濯機から洗い上がった洗濯物をカゴいっぱい山積みして抱えてくる。手のあいている者がそれを手慣れた手つきで干している。

肝っ玉母さんは食事の仕度をしながらその合間を縫って、「お姉ちゃん、ありがと」、「お兄ちゃん、ありがとね、助かるよ」とポンと肩を叩く。てんてこ舞いの家族は、てんてこ舞いながらちゃんと回っていて、しかも明るいのが印象的だった。

ホームの「お母さんしてる」私は、このドキュメンタリーの家族と思い合わせて考えることがある。

二階の食器洗いは、時には飛び入りのおばあちゃんが洗っている。自分が食べ終えた食器を持って「ありがとうございます」と言ってシンクの中に置く。ダイニングのエプロンたたみは、今では多くの人が参加してくれている。大先輩小和田さんから受け取ったエプロンは何人かの入居者の手元に配られ、たちまち終了する。この時近くのテーブルの男性はティッシュペーパーセットを手前に引いて、エプロンをたたむスペースを作ってくれる。F子さんは、「中表にたたむのね。人の役に立つことはいいことだよ」と言ってくれる。なんせ彼女は手早いので、エプロンは多めに渡すことにしている。

F子さんは一人でいるのはイヤで、退屈には耐えられない。このF子さんを相手に、増沢さんは根気よく話を聞いている。同じ話をくり返し聞き、同じ話をくり返し話し、このやりとりが三十分も続いていることがあった。とても私にはできない。F子さんが増沢さんを「頼りにしているよ」と言ったのを聞いた。

私がダイニングに下りて行った時だ。最近入居してきた男性、岩田さんがテーブルの上にティッシュペーパーセットを並べていた。私がお礼を言うと「いや」と何事でもないような返事があった。さらにカーテンまで下ろしはじめたのだ。そこにやってきたスタッフの佐原さんは、「岩田さん、ありがとうございます」と言った。岩田さんは軽く頷いた。こうしたお手伝いの交流が広がるのは、兄弟姉妹が助け合っている家族の図だと考え、これがホーム長の言った「社会性をもった大きな家族」なのだと改めて思った。

七夕

七月が近くなってダイニングの入口には例年通り葉竹が立てられた。私には三度目の七夕だ。今年の竹の枝は葉の色もあせて、全体に勢いがない。長引くコロナ感染に重なって、ロシアによるウクライナ侵攻も終わりを見せない重苦しさの中で、竹の枝も疲れて元気を失っているのだろう、これが今年の七夕か。

その時私にふと疑問が湧いた。「七夕」をなぜ「タナバタ」と読むのだろう？　通常の読みではない。そう思った途端、梨沙ちゃんの顔が浮かんだ。彼女は国文科出身、この四月にホームに入社したスタッフだ。それで彼女に聞いてみようと、その旨を書いた紙切れを手渡した。彼女の宿題になってしまうのはちょっと心苦しいが、彼女と繋がる一本の糸なので私には楽しいことでもあった。

しばらくして彼女から返事をもらった。

それによると、七夕は五節句の一つ、シチセキ。天の川に隔てられた彦星と織姫が七月七日に一度だけ会えるという中国の伝説にちなんでいるという。それが日本の祭りと合体し、年中行事の一つとして定着してきたようだ。神さまに献上する布、織物を機《はた》（そう言えば機はハタと読む。これでタナバタのハタに一歩近づけた）で織ったという説から、女子が裁縫の上達を願うようになったそうだ。

タナバタの読みについては明解な回答まで辿り着けなかったが、私はこれ以上彼女に宿題を残したくなかったので、これでおしまいにした。

（ホームでは入居者が夏休みで家に帰るということはないのだから、介護するスタッフにナイ夏休みに宿題はナイ、というのが私の当然の思いだ）

七夕は七月の夜、彦星と織姫がたった一夜、天の川を渡って出会える日だ。現代の遠距離恋愛とは違う。悠久の天空を見上げると、満天の天の川が七色の虹のように架かっているロマンチックな出会いを夢見た。

笹竹には入居者たちが切った色紙の細工が次々と飾られ、願いを書いた短冊が結ばれていった。「健康第一」、「歩けるようになりたい」、「みんな仲よく」、「戦争とコロナが収まって平和な世の中になりますように」、「おいしいものをたくさん食べたい」、「友達に会いたい」などなど。

私はスタッフが配ってくれた中から、キラキラ光る金色の短冊を選んでいた。背の高い私は、まだ隙間のあるてっぺんにそれを結んだ。それには「社会性をもった大きな家族」と書いた。

自らそこで根を張ること

七夕の笹竹が片付けられた直後、久々に香代さんからの手紙がきた。その文字は弱々しく、持病の進行もあるのか、文字が乱れて読み取れない箇所もあった。

彼女は私の『終の棲』の二冊を読んでくれていた。他のホームにいて、コロナが収束したら会いましょうと約束しながら果たせないでいる。つまり私たちは一面識もない。

その香代さんが朝日新聞の記事を送ってくれた。それは私が見逃していたものだった。外山義《とやまただし》という建築家に関する記事で、

サービスが提供されても与えあう関係をふたたび手に入れることができなければ、その人は花瓶に活けられた切り花である。

という言葉と共に、遺著となった『自宅でない在宅—高齢者の生活空間論』の文章が引用されていた。

「人と住まいとの抜き差しならない関係」を重視している建築学者は早くからユニットケアやグループホームに注目し、高齢者施設を施設《シセツ》ではなく住まいにすべく取り組んだ。「入所」を機に住みなれた住まいから「引き剥がされた」高齢者にとって重要なのは「みずからそこで根を張ること」だと考えて。

「入所」を機に住みなれた住まいから「引き剥がされた」高齢者とは、香代さんであり、私である。この記事、そして何よりこれを見い出して私に送ってくれた香代さん。これはまさに施設に暮らす私たちの間でも、施設であってもその中で私たちは立派に「根を張って」おり、「社会性をもった大きな家族」のひとりであることだと知った手紙であった。

ウェルカムボックス

私はドアのレールにあたる部分に十センチ程の箱を置いている。就寝中もドアは閉めない。私は密閉された空間は苦手で、常に風の流れを望んでいるためである。それともう一つ理由があった。保科さんである。百歳になった保科さんは、今では車椅子でじっと座って、たいていは眠っている。しかし私が入居してきた頃には、床を足で蹴って、車椅子で廊下を往来していた。私の部屋にもこの訪問者は時たまやって来ていた。何か話すこともあったが、ほとんど脈絡のない意味不明のことが多かった。

時には保科さんの向かいの部屋、外山さんの部屋に入ることもあったようだ。外山さんが大きな声で怒鳴っている。それを聞きつけスタッフが飛んで行く。そんなことが何度かあった。しかし保科さんはキョトンとして反抗するわけでもない。保科さんが外山さんの部屋に入らず、私の部屋に入りやすくするために置いた箱だった。しかし今は車椅子で動き回ることはない。眠っている。

それでも私のドアは箱がストッパーになって開いたままである。私はこれを「ウェルカムボックス」と呼んでいる。

保科さんが私の部屋を訪ねてくることはなくなったが、保科さんに代わって今ではF子さん、水戸さんなどが訪ねてくる。

ドアをノックして訪ねるのはハードルが高いが、年中開いている隙間からのぞいて声をかけるのは抵抗がないのだ。

F子さんはパジャマ姿の夜の訪問者だ。

「ごめんね、F子寝るからね、あそこからちょっと外を見てくるね」

廊下の突き当たりは大きなガラス戸になっていて、夕方にはレースはもちろん厚地のカーテンも閉められるが、F子さんはこのカーテンの中央を少し開けて外を眺めるのだ。夜でも環八は車の往来は途切れず、そこにはホーム内では見られない風景がある。常に「家に帰りたいよお」と言うF子さんの気持ちを思う私は、ちょっぴり切ない。そして帰りしなにもう一度私の部屋をのぞいて、

「F子、寝るね、おやすみ」

と、言う。私も、

「おやすみ、また明日ね」

と、答える。

そして水戸さん。入居してきた頃は、認知症の兆しはほとんど見られなかった。それが

急激に進んでいった。同じ階だったこともあり、私は入居直後の人には積極的に近づいた。入居時の緊張と不安、寂しさを少しでも軽くするためだ。入居時に親しんだ繋がりは、その後親しくなった人とは違うものがある。今ではさして交流はないが、この水戸さんも訪問者の一人である。

「ごはんを食べていないんだけど」

「今日初めて来たので何もわからないの」

「カーテンのフックがとれちゃったんだけど」

「私の部屋はどこ？」

不安な時に訪ねる人がいるのは心強いものだ。安心感に繋がるからだ。


こんな訪問者もいる。

「ねえ、ズボンが汚れちゃったんでクリーニングに出したいの。どうしたらいい？」

スタッフに聞けばすぐに対応してくれるのに、友達の私に聞く方が聞きやすいようだ。

ウェルカムボックスにはこんな利点もある。このホームでは耐震工事はもちろん、防音設備もしっかりしているので、隣の部屋の物音も聞こえなければ廊下の気配も伝わらない。しかし私の部屋はドアに十センチの隙間があるため、人の声も聞こえるだけでなく、スタッフや入居者の往来を見ることもできる。

真人君のやさしさが伝わったんですね

ある日、保科さんらしき声――「ありがとうございまーす」が聞こえた。保科さんの声を聞くことが全くなくなっていた私は、ドアの隙間に目を向けた。真人君が保科さんの車椅子を押していくのが見えた。それで私はすぐに廊下に出た。廊下には保科さんの車椅子を押していく真人君しか見えなかった。私は後を追って行った。

「ねえ、真人君、今保科さんがありがとうございまーすって言ったわね」

そう言うと、

「そうなんですよ、大きな声でそう言ってくれました」

真人君はうれしそうに答えた。

あんなに大きな声でしっかり感謝の思いを表したのを、もう長い間聞いたことがなかった私は驚いた。長い間の眠りから呼び起こされた思いだった。私自身、保科さんをもう何も表現できない人と思い込んでいたことに、すまない気持ちにもなった。

その数日後だ。真人君が私に、「北沢さん、今日は保科さんがいっぱい話をしてくれたんですよ」と教えてくれた。マスクの外の眼が笑っていた。すれ違い様《ざま》のことだったので私が聞けたのはこれだけで、その内容までは聞いていない。

喜んだ私は、翔君にそのことを伝えた。すると彼はこう言った。

「真人君のやさしさが、保科さんに伝わったんじゃないですか」

こんな率直な返答を即座に言う翔君は、真人君と共通したやさしさを持っている先輩だ。私はこのことを真人君に伝えてあげたかった。もちろん真人君は先輩の言葉に、笑顔で「ありがとうございます」と答えた。

コロナ禍でスタッフ同士が話し合う場も時間も制限されている中、入居者の私がその取り次ぎをすることも必要だと思った。先輩のこの一言は、真人君の介護のモチベーションを高める役目も果たしてくれるにちがいないからだ。

この真人君のやさしさは、同時に保科さんを「もう何もわからない人」と思い込んできた私にすまない思いを引き起こしてもいた。私は保科さんが目を開けている時には必ず、「おはよう!」、「こんにちは!」などの挨拶をした。しかし、その表情には一向に変化が見られない。「長いこと無視しておいて、何よ、今さら」と言われているような気がした。それでも私はその無視される挨拶を続けた。その間私は、真人君のやさしさを思いながらそれを続けていたのである。

二週間、三週間経った時だ。保科さんが、

「もったいないわよ」

と、言ったのだ。とっさに私は、

「そうよね、もったいないわよね、私たちは物のない時代に生きてきたんですもの」

と、答えていた。しかし、それ以上保科さんが何か言うことはなかった。私には保科さんがなぜ、「もったいないわよ」と言ったのかは全くわからなかったが、私に向けて発してくれた言葉だということで満足した。

それから数日後、保科さんはしっかり目を開けている。それで私は、

「保科さん、こんにちは、今日はとてもいい天気よ」

と、声をかけた。

「ありがとう」

保科さんの言葉だった。はっきり聞きとれた。しかし言葉はそれきりで、あとは続かなかった。

家族だからこそできる気くばり

大掃除と買物で忙《せわ》しない年の暮れを長い間過ごしてきた私は、ホームで三回目の年の暮れを迎えていた。炊事、洗濯、掃除から解放された生活にはすっかり慣れて、心も体も自然に受け入れていた。しかしこの暮れ、正月の時期になると、改めてスタッフの生活を考えてしまう。介護には暮れも正月もないからだ。多少の調整はあるだろうが、夜勤もいつも同様欠ける日はない。

若い時から夜に弱い私は、徹夜をしたことはただの一度もない。できないといった方が適切かもしれない。太陽が昇ると起き、太陽が沈む頃には静かに夜を待つ。昼寝もしたことがない。日中に眠るなんて、時間をムダにしたように思うからだ。これは農耕民族のDNAのせいだと私なりには納得している。

それでホームでの就寝時間が、スタッフの夜勤に支えられているというのは、どこか負い目を感じてしまう私である。

その暮れから正月にかけて、入居している奥さまと一緒に過ごすことを考えてのショートステイだろう、年配からしてご主人と思われた。私は奥さんに挨拶はするが、話をしたことはない。私だけではなく入居者と会話する様子も全くない。食事はペースト状のようだ。スタッフの食事介助を必要とするテーブルに座っているが、自分でスプーンを持ち食事を取っているのは見えていた。ご主人がショートステイしている間、ご夫婦は私からは真正面にあるテーブルに着いていた。ご主人が奥さんの食事をフォローしている様子が手に取るように見えたのだ。

奥さんは車椅子を使っている。食事中、ご主人は奥さんの後ろに回り、傾いた体を正し、同時に前方にずれている位置を、お尻を持ち上げ、椅子の奥に戻していた。姿勢が正されると食事もしやすいことは、ホームでは見慣れた光景である。食事の途中でご主人が深い器から浅い器に中身を移していた。スプーンを使っていると、その方が食べやすいことは私の目にも納得できる。これを見た私は、家ではご主人が奥さんを介助していたにちがいないと思った。この細やかなフォローは、家族ならではのことだと思ったからだ。心身の力がなくなってきた者を看てきた者でなければできないことだ。

私がこの場面の一部始終を書いたのには訳がある。

ご主人のショートステイが終って、奥さんは再び介助の必要なテーブルに戻っていた。

(その入居者の名前を知ったので、以後恵子さんと書くことにする)

その日は真人君がそのテーブルを担当していた。恵子さんはスプーンを使って自分で食事を取るのでスタッフは見守る程度ですむ。真人君は脇にいるリクライニングの車椅子の山本さんの介助をする。山本さんは全く自分で食べられないので、一口一口お粥に副菜などをのせスプーンを口に運んであげている。その間真人君は、恵子さんの様子も見ていたのだろう。合間を縫ってOさんの後ろに回り、傾いた体を直し、お尻を持ち上げ車椅子に深く座らせたのだ。それが食事中に二回。私からは真人君の背は見えるがテーブルの上は見えない。

その時スタッフが、口の広いコップに入った薄いピンク色の飲み物を運んできた。スプーンが入っているところをみると、液状ではなくトロミのあるものなのだろう。恵子さんはコップに入ったスプーンで何回かトライしていた。そこで真人君が気付いたのだろう。食べ終えた皿に移し変えてあげたのだ。

ここまで見ていた私は感動した。なぜなら、数日前ご主人が介助していた時と全く、そういう全く同じ行動を取っていたからである。私は真人君の背に、彼が語った祖母へ満足に看護もしてあげられなかった「口惜しさ」を今、このホームで償っている姿を見たからだ。真人君はご主人の介助の様子を見ていたわけではないのだから、知ることもなかったはずだ。しかしご主人と真人君に共通していたのは「家族」だからだ。

前ホーム長の言った「社会性をもった大きな家族」を、ホームの片隅で見ることができた。それが私を感動させたのだ。

私は、この光景をご主人に伝えてあげたいと思った。家族はこのホームに送り込んだ老親の介助介護を受けている一部始終を見ることはない。面会時には入居している老親から「みなさん、親切よ」という言葉を聞くことはあるだろうが、どんな心配り、どんな気付きをしてくれているのかを知ることはまずないだろう。

保母さんからのメッセージ

私にはこんな思い出がある。

私は息子を、ゼロ歳の時は保育ママ、一歳からは保育園に預けて支えてもらってきた。保育園では「連絡帳」というものがあって、保母さん（当時は保育士とは言わず保母さんと言っていた）がその日にあった息子の様子を詳細に書いてくれることがあった。日中私の知らない所での保母さんとのやりとり、友達間の出来事の中で見せた息子のリアクションには新しい発見もあり、息子のいきいきした様子が知れてうれしかった。

こんな記憶があったので、私は少しでも繋がりを持てた家族にはホーム内でのエピソードを伝えてあげたいと思うようになった。

こんなエピソードがある。

靖江さんは隣の部屋の入居者だった。私が入居して挨拶を交わした時に同じ街、上北沢からいらしたと知って俄然、親近感を持った。

住宅街に続く桜並木、長島茂雄選手の邸宅（後に中曽根元首相が住んでいた）、毎日のように出かけたスーパー、中でも同じ福地眼科で診察を受けていたのだ。靖江さんは「急な階段を上りましたね」と言った。その急な階段を上った二階が福地眼科だった。近所の人の信頼も厚く、いつも混んでいた。その後、福地眼科から桜並木に面した所に移転したという通知はいただいたが、それは私がホームに入居した後のことだった。

靖江さんは穏やかな方で、スタッフがお世話をするといつも「すみません、ありがとうございます」と言うのだ。息子さんは自宅がホームが近いということもあってか、よくお母さんの面会に来ていた。まだコロナ感染のない時だったので、部屋で話した後の帰り際には、靖江さんの車椅子を押してティールームにやって来る。そしてしばらくお母さんの肩をさすって、「また来ますね」というのが常だった。私は一幅の親孝行の絵を見たように思っていた。

コロナ禍に入って面会は禁止になった。私は靖江さんの元に行き、「親孝行の息子さんの真似事をしますね」と言って、肩を軽く揉むのが日課となった。同時に面会に来ることができない息子さんにも思いを馳せていた。

靖江さんは上品なおばあちゃまで、声をたてて笑うということはなかったが、こんなことがあった。その日エレベーターの前は、利用する人が大勢待機していた。私も、それに翔君に車椅子を押してもらってきた靖江さんも、次のエレベーターを待つしかなかった。

その時翔君が言った。

「靖江さん、今日はエレベーターが混んでいるので、階段を上ってもらいますね」

エレベーターの向かいには鉄の扉があって、常にロックされていた。その奥には階段があることは知っていたが、原則入居者が入ることは禁じられているので、私も利用したことはない。それで私は靖江さんに言った。

「ねえ、靖江さん、翔君が靖江さんに階段を上ってもらいますなんていじわるを言ったから、私が靖江さんに代わって仕返ししてあげるわ」

こう言って私は、翔君にボクシングの試合で見られるアッパーカットの仕草を、それも大袈裟にしたのだ。翔君は私のアッパーカットに、これまた大袈裟にノックダウンの仕草をしてくれた。すると、靖江さんが声をあげて笑ったのだ。まさか声をたてて笑うとは思ってもみなかった私は、内心「やったー!」と叫んだ。

頻繁に面会に来ていた息子さんでさえ知ることのない、このホームでの楽しい場面を家族に伝えてあげたかった。

息子さんが喜んだのはもちろんだ。しかも息子さんはこうも言った。

「とてもいいホームで、自分もその時期が来たら入居したいくらいですよ」

翔君と私の連携プレーがなかったら、息子さんのこの言葉は聞くことがなかった。こうしてスタッフと入居者の間には、親しみの中に信頼関係が築かれ、家族までも巻き込んでいくことを実感し、大きな家族は少しずつ大きく育っていくのを知った。

大きな家族にまたひとり

もう一つ、家族が大きくなった出会いがあった。

それは、暮れから正月にかけて、入居している奥さまを思ってショートステイをしたご主人尾沢さんとのことだ。

わずか一週間のショートステイだったが、たまたま尾沢さんとは一階のティールームでの出会いがあった。

私は真人君をはじめスタッフの、奥さまへの心配りを話してあげたかったのだ。それを知ったらご主人はきっと喜ばれるだろう、安心するだろうと思ったからだ。短い時間では伝えきれなかった私は、自分の書いた二冊の本をお貸しした。読み終えて本が私の手元に戻ってそれで完結と思っていた。

そんなやりとりのあった後のこと、尾沢さんが奥さま恵子さんに面会に来られ、その際、私に渡してほしいと一通の手紙を事務室に預けていった。

それは次のような文面だった。

先日はお話しする機会を頂きありがとうございました。
早速ですが、その際お借りした貴著を私の蔵書に加えさせて頂きたく、誠に勝手ではございますが、下記の事由によりましてご返却の免除をお願いする次第です。
つきましては定価相当額の図書券を同封いたしますので、「あしなが育英会」のために役立てて頂ければと存じます。

（中略）

事由（1）毎日体幹トレーニングを行い、体調を維持し、リモートワークで企業のマネージメントにも関与しており、タイムコントロールがタイトで貴著を精読するためには返却時期の予定が立たず常識の域を超えてしまう恐れがあります。
事由（2）お借りした書物だと、書き込みやマーキングetcができません。
事由（3）蔵書として適宜、反復して読み込む事により、その都度、別な観点から得られるメリットが多くなると思います。

昨年12月31日、ディナータイムに初めてダイニングルームへ行き食事をした際に、ほぼ中央のテーブルで北沢様が３６０度に近い視野で各テーブルの状況に目を配りながら、入居者のみならずスタッフにもサポートをなされているのが印象に残りました。

現時点で、まえがき・あとがき・目次と大まかな内容を知るための拾い読みしか成してない私が述べるのは失礼だと思いますが、重要な社会問題である介護について最前線現場の老人ホームに於ける日常生活の実体験に基づくさまざまな出来事を目に見えるごとく、有ったままに、更には問題意識を持った観察眼で細部に亘り記述されている貴著は、介護や施設に関心を持つ全ての人に有益であり、実態を知り得る貴重な資料だと思います。

私個人としては、価値観や生活環境、人生経験などが異なる他人同士である入居者とスタッフが相互に信頼関係を築きながら、適度な距離とプライバシーを維持し、家庭的類似性を形成しつつ、安寧な集団生活を営める棲が望ましいホームの在り方ではないかと感じました。

格差と分断も国際的な社会問題ですが、介護の世界においても希望するホームに入りたくても経済的理由で入れないケース、各種有料老人ホームと特養その他各種施設とのハードやソフト面の違いなども高齢者の増加と共に格差の問題が深刻にならない事を願うばかりです。


（後略）

さらに尾沢さんは、ご自身がお世話になっているケア・マネージャーに話されたのだろう。そのケア・マネさんが私の本を読みたいと言っておられることも聞いた。

私がイメージできないまま入居した「老人ホーム」「介護」に共通した思いを持ってくれるかもしれないという期待を持った。この人もまさに、「社会性をもった大きな家族」ではないか。

その原点は、人に寄り添うスタッフの介護と老人ホームを運営していく理念、ビジョンを語ってくれた前ホーム長の姿勢だ。そして私は「将軍池」の由来にまで遡って思いを重ねていた。これは終の棲で生きる私の「高らかな指標」となったからである。

私はこの尾沢さんからの手紙を翔君に見せると、「スタッフと入居者が相互に信頼関係を築きながらって本当にそうですね」と喜んでくれた。こうした価値観の共有は、私たちの絆を深く、しかも強いものにしてくれた。

ねェ、ねェ　こんなことがあったのよ

家族という関係の中では、何か楽しかったこと、印象に残ったこと、辛いと思ったことなどがあると、その日の内にそれを家族に話したがった。昔、それはたいてい家族の揃う茶の間の食事時だった。昨今では家族といっても時間がまちまちなため、ほとんどの家庭で個食が多くなったようだ。たまに家族が一緒になっても、ダイニングではテレビはつけっぱなし、家族はみんなテレビの画面に集中していて、その画面に映っている報道番組のことで一言、二言話すということが多いのではないかと思われる。

しかしホームの生活、特に入居者間では十分時間があるので、その日にあったことを話題にすることが多い。

私が提供する話題は、なんといってもメイ子さんのことが抜群に多い。私は当人に向かっては下の名前「メイ子さん」と呼んでいるが、離れた所、入居者に話す時は専ら「イタリアさん」だ。入居者の仲間にも、今ではこの「イタリアさん」が定着してしまった。イタリアさんとの会話は「イタリアさん語録」としてまとめても一冊の本になってしまうくらいの内容がある。

なぜ彼女を「イタリアさん」と呼ぶかというと、彼女は長くイタリアで生活し（この時の詳しいことは知らないが、音楽家だったというご主人についてのイタリア赴任だったようだ）、その間にイタリアの料理や暮らしに関する本を書いている。その内の二冊を私は借りて読んでおり『終の棲Ⅱ』でこの本の内容には触れている。その感性、その文章力はさすがと思わせる程のものだ。

彼女は朝日新聞を持ってダイニングにやってくる。新聞を持たない時は、クズ籠の内側に入れた紙の箱（これは新聞広告を利用してスタッフや私たちが折っている）から広告紙を取り出しそれを広げて読んでいる。活字に親しんできた私もそうだが、やはり新聞の活字を見ないと一日が終わらない気がするのだ。

彼女が入居してきた頃には、新聞記事から誘発されるのか、彼女自身が記事の事件の当事者になることも多かった。記事といっても海外のニュースが多く、これは多分彼女の海外での生活で培われてきたもののようだった。

ホームでの彼女との出会いは、私にとって新鮮で、何より楽しいもので、それは今だに続いてる。

「ねぇ、ねぇ、今日、こんなことがあったのよ」と入居者の仲間、家族に話してきた中で、イタリアさんのエピソードで最近あったことの一つを披露しよう。

朝食時にはほとんど眠っていて、食事は手つかずのようだった。スタッフが「部屋に帰って少し眠ってからの方がよさそうね」と言って、イタリアさんの車椅子を押して出て行った。

部屋で休んだためなのか、午後の音楽クラブに珍しく参加。和太鼓、鈴も鳴らし、先生のピアノに合わせて歌う時も、マスクの下の口が動いている。ご機嫌のようだ。

すると、「寒い、寒い」を連発。イタリアさんの寒がりはスタッフなら誰もが知っていて、厚いカーディガンか大きなストールを用意している。イタリアさんの脇のサッシが換気した時のままで開いていたのだ。それで私はサッシを閉め、さらに車椅子にかかっていたストールを肩からすっぽり上半身にかけてあげた。すると、

「ダンケ！　ダンケ！　人の情《なさけ》！」と言ったのだ。

この「人の情」という言葉が、このホームでは聞き慣れなかったのと、この場面にあまりにもフィットしていたのが私には痛快だった。ふだんイタリアさんに、「あなたは大人しい人ではないけれど頭のイイ人」と言われていた私は、俄然対抗すべくカッコイイ返答をしたいと思ったが、とっさのことで「ン！」と詰まってしまったのが正直なところだ。それで出たのが「私もメイ子さんの人の情で、おかげで生きているわ」だった。イタリアさんは「エッ!?」と首をかしげ（それはなんてバカな人という表情だった）、「人の情ってこ

んな時に使うものじゃないの！」と切り返された。見事ノックダウン、ギャフン！　だった。

イタリアさんのこの的《まと》を射たセリフと首をかしげた表情を、私は黙っていられない。いつもイタリアさんと私のやりとりを楽しんでいる仲間に話した。案の定みんな体をそらして笑った。イタリアさんと親しいスタッフにも話すと、みんな例外なく体をそらして笑った。言い得て妙、そしてその表情を誰しもありありと思い描けるからだ。

「ねぇ、ねぇ、こんなことがあったの！」は、ホームを和ませてくれる貴重な光景なのだ。黙々とやって来て、黙々と帰って行く、そんな人の多い老人ホームだからである。

トンチ・クイズ

スタッフを大いに楽しませ、笑わせることがもう一つある。「トンチ・クイズ」である。月一回のアクティビティに「クイズ大会」があった。あっ、あったと過去形になっているのは、前ホーム長の時のことで、今はこのアクティビティはホーム長の転勤と共になくなってしまった。

最初の数問は三択方式（三つの回答の中から正解の一つを選ぶもの）で、なんということもない。面白いのは最後の一問、「トンチ・クイズ」である。

ともかくホーム長が言うには、正解を明かした時の、「なーんだ！　そうなのか！」という入居者のリアクションが楽しくてたまらないというのだ。多忙極めたホーム長の仕事をする中で、どうしてこんな「トンチ・クイズ」を考案していたのか、そう思いながらもとうとう聞かずじまいになってしまった。

この「トンチ・クイズ」は、私たち入居者に評判もよかったアクティビティなので、ここで読者の人たちにもぜひ参加していただこう。脳トレにもなりますよ。

問1　カメとラクダとサイが仲よく並んで街に買物に出かけました。買ったものはナーニ？
問2　野球のボール、テニスボール、バレーボール、すべて丸いですね。それでは四角いボールはナーニ？
問3　重い荷を背負ってやっとのこと、山の頂上に立ちました。登山者が次に必ずすることはナーニ？
問4　増えることはあっても減ることのないものはナーニ？
問5　国際会議場で突然電気が消え、真っ暗になりました。最初に「電気をつけろ！」と叫んだ人がいましたが、この人はどこの国の人？
問6　九匹のトラが乗っている乗り物はナーニ？
問7　焼いても食べられないパンはナーニ？
問8　ひっくり返ると軽くなる動物がいます。その動物はナーニ？
問9　家の中でいつも通行止めをしている人はダーレ？
問10　車には何歳から乗れますか？

正解発表はあとがきの前のページ。さて、あなたは何問正解できましたか？

この「トンチ・クイズ」を楽しむのが参加した入居者に限られているのでは「もったいない！」そう思った私は、スタッフと廊下ですれ違う時、あるいはエレベーターの中でこの「トンチ・クイズ」を問うようになった。正解すれば「ピンポーン！」不正解や時間切れは「ブーッ！」しかも「ブーッ！」のスタッフにはペナルティが科される。

●今日から一週間連続で夜勤を務めていただきます。
●残念ですね。今季のボーナスは一〇％カットになります。
●ザーンネン！　三日間の絶食をしていただきます。……などなど……

このスタッフへの質問は、一服の清涼剤となった。ペナルティを科されたスタッフのリアクションも楽しいが、正解したスタッフの自分の回答に「ウン！」と納得した、その「ドヤ顔」もまた面白い。これは「もったいない世代」の私が思いついたことだが、こうして二度も楽しめるとは考えてもみなかった。

私たち「もったいない世代」は、補修したり繕ったりして、ものを使い捨てにすることなどなかった。二度三度と使うのだ。

私の母は傷んだ二枚の古いセーターを洗って、一枚の新しいセーターに編み直した。靴下もズボンも「継ぎ」を当てていた。長女の私は「お古」を着ることはなかったが、妹は小さくなった私のお古を着た。しかし（実情は知らないが）、妹の不平を聞いた覚えはない。

私が小学生だった頃、毎月の雑誌には必ず付録がついていて、たいていは厚紙を折って工作する程度のものだったが、時には本誌より付録を心待ちにした記憶もある。「もったいない世代」のおばあちゃんが考えたこのスタッフへの質問は、まさにこの付録みたいなものだ。「トンチ・クイズ」を考案したホーム長も、この付録までは思いもしなかっただろう。しかし元はといえば、ホーム長が入居者を楽しませたい苦肉の策の賜物なのだ。

わてほんまに、よう言わんわ

二月のスケジュールカレンダーに、「笑って　巻いて巻いてゲーム」とあった。

綾野さんが「これなーに？　どんなゲームなの？」と聞く。私も全く想像もつかない。そこにスタッフが通りかかったのでこの質問をぶつけた。彼も「さーて？　ちょっと聞いてきますね」と言い、戻って来て教えてくれた。

「なんだが布をぐるぐる巻いて、ボールを取り合うみたいですよ」

「それって、なあに？」

「ボクにもわかりませんので、よく聞いておきます」

それで私は、

「何がなんだか、さっぱりわからず」

と、ここまでそれらしき節をつけて歌ってみたが、後の「わてほんまに、よう言わんわ」が自然と続いた。多分、笠置シズ子が歌っていたように思う。その時代には生まれていないスタッフには通じるわけがない。しかし、入居者には意味が通じるので誰もが笑った。

「そんな歌があったわね」

一同は口を合わせて言ったのだ。スタッフと入居者のギャップは老人ホームでは珍しくない。

「何がなんだか、さっぱりわからず、わてほんまに、よう言わんわ」

こういうことはホームでまま私が経験することだが、この歌を歌った時、まさにホームの光景を表していると思った。

老人ホームの、特にダイニングで見られることだ。すべてスタッフが介助しないと食事を食べられない人から、黙ってやって来て黙って帰って行く人、そして少数ではあるが会話を楽しむ人まで入り交じっている。個室を出ると集団生活を余儀なくされる老人ホームの光景といっていい。

食事の介助を受けている人たちの間では、スタッフの声かけしか聞こえない。静かである。石上さんは車椅子を自分で操って出たり入ったりしている。食事の配膳が始まるとスタッフが車椅子を押して、「お帰りなさい」とテーブルに着かせる。最近では食事の途中でも出て行ってしまうこともあるが、ちゃんと戻ってまた食事をするのだ。しかし黙々と動いているのでこの人も静かだ。

何かメロディーらしいものを口ずさみ、手を上げ、踊りの仕草なのか踊って、一人でけっこう楽しんでいるように見える人もいる。この人も静かな人の内に入る。

比較的元気な人たちの間で交わされる話が、まさに老人ホームならではと思わせる。

一人踊りは静かな舞だが、楽器の演奏となるとそうはいかない。百歳を迎えた保科さんは立派なドラマーなのだ。右手で持った金属製のスプーンのバチで食器のドラムを叩く。音を出すというのは誰しも楽しいものだ。それで私は多少やかましいとは思っても、そのまま演奏を聴くしかない。

ドラマーの隣に新しく入居者が座った。その人がある時、「私は工事中の真ん中で食事をしているのよ」と言ったのだ。ほこりこそ立たないが、工事の騒音は並みではない。それで私はスタッフに言って、金属製を木製のスプーンに変えてもらったので工事中の騒音はグンとトーンが下がった。

しかし、その新しい入居者はなんと講談師だったのだ。ドラムの演奏は講談に変わった。

この演目での掛合いはさすがである。

お父さんとお母さんの掛合い、ここではたいていお母さんの方が正統派でお父さんはいつもやっつけられている。お母さんと娘が出てくることもあり、このお母さんはいつも娘に説教をしているが、これもそれなりに筋が通っている。

時には八っつぁん、熊さんが登場する。どうやらお馴染みの落語のようだ。

この講座は日に三回（朝昼夕の食事時）毎日演じられ、三階のティールームに出張公演もしているのだからすごい。

増沢さんは、「脳出血で九死に一生を得て、その時周りの人はみんな、よかった、運がよかった死なないで助かったんだからと言うけど、私はあの時死んでいた方がよかったわ」なんて言っているけれど（これには私も同情するところがあるので切ない）、だからといって悲痛な面持ちで生活しているわけではなく、家に帰りたいを連発する入居者の話し相手になって「頼りにしてるよ」と言われてもいるのだ。

保利さんは私に会うと必ず歌う歌がある。「あきらめましょ、あきらめましょ、わたしはひーとーり」である。自分の気持ちを表現している歌詞の部分だけ覚えているのだろう。聞いたことのある歌だと思う私も、他の部分は全く知らない。記憶にない。

Kさんが、「ねぇ、ダンナに早く迎えに来てよと言ってるのに、ちっとも迎えに来てくれないのよ」などと言うので私は、言ってやった。

「そうよ、アナタみたいな口うるさいバアさんに来られちゃかなわない、もう少し静かに一人でいたいんだと言ってるじゃないの」

「そうなのよ、嫁も息子もそう言ってるわ」

（姑にこんな風に言えるのだから、お嫁さんとはいい関係なんだ）

あまり長生きはしたくないと言っている綾野さんと私。その二人が毎日摂っているのがサプリメント。ある日の昼食にレバー煮が出た。レバーは苦手だと言っている綾野さん、

「レバーは体にいいから一切れは食べるわ……」

（これ、どーゆーこと？）

あまり長生きはしたくない、は入居者の本音にはちがいない。しかし人の言うこととすることとでは、こんな大きな違いがあるわけで、平均年齢八十八・五歳のこの老人ホームでは、そこにスポットライトが当てられ浮き彫りにされているということだ。

それで、やはり、「何がなんだかさっぱりわからず、わてほんまに、よう言わんわ」と、この歌でしめるしかない。

しかしこの歌はホーム側スタッフには全く通じず、「何、それ！」という顔をされるだけのことだ。

ウェルカムボード

最近、玄関の入口には、ホームを見学に来る人たち、ショートステイで入ってくる人たちを歓迎するメッセージが書かれた「ウェルカムボード」が立てられている。ボードの空白スペースにちょっとしたデザイン風のものが描かれているので、これは絵心のある真人君からの提案だったと私は思っている。

しかし私の部屋のドアには、「ウェルカムボード」ならぬ「ウェルカムボックス」が置かれている。しかも三年も以前からである。

この「ウェルカムボックス」は、ドアの下の敷居に当たる所に置かれているので、私の部屋は一年中、もちろん昼も夜も開いたままだ。

一つには、私は肺に疾患があるので、息苦しさは眠っている時以外、一日中続いている。閉め切られた狭い空間が苦手なので風を入れるため、つまり空気の流れをつくるために置かれた「ウェルカムボックス」である。つまり入居した時は「空気の流れ」ウェルカムだった。しかしもう一つ「ウェルカム」が加わった。認知能力の低下が見られる友達のためのものでもある。

今では車椅子で一日中、ほとんど静かに眠っているだけの保科さんだが、私が入居してきた頃は車椅子を足で蹴って自由に廊下を往来していた。

私の部屋が保科さんの斜め前ということもあって、私の部屋にもたびたび訪問していた。脈絡のない話をすることもあったが、私には聞きとれないことの方が多かった。

私の部屋への他人の訪問を見たスタッフは、すっ飛んできて謝罪した。私はいつもドアにロックをしないのは私の意思、つまり私の自己責任だと言ったが、これはスタッフたちには聞き入れてもらえなかった。

保科さんは私の部屋だけではなく向かいの部屋に入ることもあった。この部屋の住人はこれを非常に嫌って（これも当然のことだ）大声で怒鳴る。私はこれを聞くので考えついたのがこの「ウェルカムボックス」だった。常にドアは十センチ程の隙間をつくって開いているので訪問しやすいだろうと思ったからだ。「ウェルカムボックス」はなんといっても「ウェルカム、よくいらっしゃいました」と言っているのだから。

保科さんが訪問してきても（もちろん手土産をいただいたことはないが、私にしても空茶の一杯差し上げるわけではない）、なんの被害をこうむるわけではなく、隣り合わせの住人の怒鳴り声も聞かないですむのだから、私にはプラスあってマイナスなし。この私自身も「ウェルカムボックス」の恩恵をこうむっている。

保科さんが廊下を往来することのなくなった今は、別の訪問者がやって来ている。

水戸さんがそっと顔だけ入れて、

「ねえ、私ごはんを食べていないんだけど、私は未登録なので食事を出してもらえないの？」

（この未登録は彼女が現役時代、会員を募って組織し、そこに商品を卸していた時に日常的に使っていた言葉なのだろう）

「今日初めてここに来たもので、何もわからないの」

（それにしてはよく私の部屋を訪ねて来れましたね）

「これから家に帰りたいんだけど、電車の時間を調べてくれない？」

（最近はこの類いが多い）

「もう遅いから、今から出かけるのはちょっとムリだから明日にしましょうよ。それに雨も降っているのよ」

（三年近く経った今でも、家に帰りたい思いが湧いてくるのだろう）


そしてF子さん。パジャマ姿になってからの時間にやって来る。

「F子、寝るね。でもその前にちょっと外を見るね」

(廊下の突き当たりのサッシ窓はすでにカーテンが二重に下りているが、それをずらすと外が見える。夜でも環八は車の往来が絶えない。その夜の風景を見て、家に帰りたい気持ちを落ち着かせているのだろうか)

「F子、寝るよ。ごめんね、起こしちゃって、F子、寝るよ」

こうしてF子さんの夜の帳が下りる。


こんな訪問者もいる。

「ズボンを汚しちゃったのでクリーニングに出したいの。どうしたらいい?」

スタッフよりも親近感をもっているのがわかる訪問者なので、私はその都度スタッフに聞いたり、時には事務室まで同行する。


今日は一つおいた部屋の男性がのぞきに来た。

「部屋のサッシが開かないので開けてください……」

「ウェルカムボックス」は、「よろずお困りごと、承ります」の看板でもあるのだ。

しかし突然、この「ウェルカムボックス」が外された。私が熱を出したのだ。頭もボーッとしている。風邪かな？　と思いスタッフに連絡すると、このコロナ禍のことですぐにPCR検査を受けることになった。幸いPCR検査の結果は陰性で、いくつかの検査の結果、その日の内にホームに帰ってこられた。しかし感染対策ということで、三日間は部屋での隔離。それと同時に「ウェルカムボックス」は外され、ドアはピタリと閉まったままだ。

訪問者は食事を運んでくれるスタッフと、熱と酸素を測りに来るスタッフのみ。しかも彼らは完全防護服で全身を包み込んでいる。

「ウェルカムボックス」が外されると、廊下の気配さえ全くなくなって、目の前の竹林を眺めていると流人のような気分になってくる。

私自身が、けっこうこの「ウェルカムボックス」を楽しんできたということを知る個室隔離であった。

最終章

ことすべて叶うこととは思わねど
己が歩みをますすぐにゆかむ

これは私が敬愛する齋藤正彦先生（都立松沢病院名誉院長）のお母さまの歌である。『アルツハイマー病になった母がみた世界』（岩波書店）の中に記載されている。

先生のお母さまは八十三歳でアルツハイマー病と診断され、八十七歳で亡くなられたというのだから、その間に詠まれたものだろう。しかもお母さまが看取られたのは、私と同系列の有料老人ホーム、そこが「終の棲」だったこともこの著書の中で私は知った。さらにお母さまは、献体も自ら決めておられた。私の祖母が医学に貢献したいと献体したことに重なり、幾重もの縁を知った著書でもあった。

一面識もなかった方とこうして繋がりを持つということは、「社会性をもった大きな家族」の縁を持った日でもあった。

私は句を詠まないが好きだ。お母さまのこの「ことすべて叶うこととは思わねど」の歌は、まさに老いと病を生きている私の心境を詠ってくれている。

トンチ・クイズ正解

1　カメ・ラクダ・サイでカメラ
2　段ボール
3　下山
4　年齢
5　日本語で叫んでいるから日本人
6　トラック
7　フライパン
8　イルカを逆さにすると「カルイ」
9　通さんで父さん
10　○歳

あとがき

やさしさはやさしさを生み、笑いは笑いを生む、これは私が三年半のホーム生活で学んだ大切なことだ。やさしくされて不快に思ったり、怒ったりする人はいない。その人もやさしい気持ちになり「ありがとう」の感謝の言葉が出る。

「介護」は一方的にホーム側、スタッフたちから施されるものではない。もちろん基本的にはそれが原点となるのだろう。人に寄り添う介護は、スタッフと入居者が信頼関係を築きながらより深い強い絆となり、そして育んでいく。決してこれで「一丁上がり」の時は来ない。

農作物だって一度良いものが収穫できたとしても、常に細やかな土づくりをし、様々な自然環境に対応して策を練り、手をかけていかなければならない。それと同じことが言えよう。

今は他のホームに転勤してしまった篠原さんはこう言った。「ありがとうと言ってくれてありがとう」「(介護の仕事は) 笑ってなんぼ」と。

私は、彼女のこの言葉に大変な恩恵を受けてきた。これは介護する介護福祉士、彼女の理念ではあるが、私はここに「介護」の本質を見る思いだ。同時に、スタッフと入居者の協同作業の賜物を表現しているとも思うのだ。

私自身は日々老いを深くしていく身である。昨日までできていたことが、今日はできなくなる。こうした不安と寂しさの中で、これから訪れるさらなる老いでは、「ありがとう」の感謝の言葉さえ口にすることはできなくなるだろう。そうした仲間を多く見てきた。それで、今の内にそれをきちんとした形で伝えておきたかった。それが書籍化の目的の一つでもある。

スタッフは、こうした表現できないまでに弱った人でも、誰しもこの感謝の思いは強かったことを記憶していてほしいのだ。私個人の願いだけではなく、それを書き残せなかった人に代わってでも伝えたい。

このあとがきを下書きしていた今朝のこと、朝日新聞の「折々のことば」にこんな一文を見つけ、私の言いたいことにまさにぴったりだったのでそれを記すことにした。

人間を社会的にするのはかれの弱さだ

ルソー

足りないものが何もない者は他の人を必要としないから、他の誰かを愛することもできない。だから幸福にもなれないと十八世紀の思想家は言う。苦しみや悲しみという「みじめさ」の中で、人は他者を求める。単なる「必要」は「利害」で人を結びつけるが「みじめさ」は同情でも羨望でもなく「愛情」によって人を結びつけると。

「人はここまで人の手を借りなければ生きていけないのか」を見ている私の思いがある。その時に「愛情」を「やさしさ」「人に寄り添う」と置き換えてもいい。

ここに書かれている「みじめさ」は、正直、私が使用するのを躊躇してきた表現、言葉である。「みじめさ」にある、自分を貶め、手の差しのべようのない思いがイヤだった。それで私は「さみしさ」「辛さ」を使ってきた。

しかしこの「折々のことば」を読んだ時、私が感じているものは「みじめさ」だ。これ以上、私の心情を適切に表している言葉はない。「みじめさ」と書いたこの著者の勇気、人間性の強さを知った時でもあった。

今まで、私が「さみしさ」「辛さ」と言う時には、正直ではない、どこかきれい事だという「後ろめたさ」が常にあった。しかし「みじめさ」と書き換えてみると、確かに自分を貶める思いはあったが、妙にすっきりしたものがあった。「老い」をさらに深めていく自分に、真正面から向き合うことができたのだ。これまでの嘘っぽい自分を脱ぎ捨てることができたからだ。

「ゴマメの歯ぎしり」——ゴマメはカタクチイワシの稚魚を干したもの。つまり力のない、役立たずの者のこと。私が「介護」「老人ホーム」を考え、案じてその底上げをしようと頑張っているサマでもある。

この拙書は、人に寄り添う介護をしてくれているスタッフ、そして頑なだった私を「社会性をもった大きな家族」に引き込んでくれた前のホーム長に、感謝とエールを送る記録である。

著者プロフィール
北沢 美代（きたざわ みよ）
1941年生まれ
早稲田大学教育学部卒
瀧口直太郎教授研究室秘書、翻訳業、家庭教師などを経て、
1971年株式会社アサヒ健康事業部入社
1975年ミズ（MYS）株式会社取締役
1988年株式会社エコロジーヘルスラボ（EHL）代表取締役
1995年同辞任

【著書】
『終の棲 ホームの日々』（2021年/芸術新聞社）
『終の棲Ⅱ老いと共に歩む』（2022年/芸術新聞社）

終の棲Ⅲ ―社会性をもった大きな家族―

2023年10月15日　初版第１刷発行

著　者　北沢 美代
発行者　瓜谷 綱延
発行所　株式会社文芸社
〒160-0022　東京都新宿区新宿1－10－1
電話　03-5369-3060（代表）
03-5369-2299（販売）

印刷所　図書印刷株式会社

ISBN978-4-286-24562-1